汽车电器构造与维修

方成江　路平禹　刘金华　主编

吉林科学技术出版社

图书在版编目（CIP）数据

汽车电器构造与维修 / 方成江，路平禹，刘金华主
编 . -- 长春 ：吉林科学技术出版社，2020.11
ISBN 978-7-5578-7900-6

Ⅰ . ①汽… Ⅱ . ①方… ②路… ③刘… Ⅲ . ①汽车—
电气设备—构造②汽车—电气设备—车辆修理 Ⅳ .
① U472.41

中国版本图书馆 CIP 数据核字 (2020) 第 221378 号

汽车电器构造与维修

主　　编	方成江　路平禹　刘金华	
出 版 人	宛　霞	
责任编辑	汪雪君	
封面设计	薛一婷	
制　　版	长春美印图文设计有限公司	
开　　本	16	
字　　数	300 千字	
印　　张	13.75	
印　　数	1-500 册	
版　　次	2021 年 6 月第 1 版	
印　　次	2021 年 6 月第 1 次印刷	
出　　版	吉林科学技术出版社	
发　　行	吉林科学技术出版社	
地　　址	长春净月高新区福祉大路 5788 号出版大厦 A 座	
邮　　编	130118	
发行部电话 / 传真	0431—81629529　　81629530　　81629531	
	81629532　　81629533　　81629534	
储运部电话	0431—86059116	
编辑部电话	0431—81629520	
印　　刷	北京宝莲鸿图科技有限公司	
书　　号	ISBN 978-7-5578-7900-6	
定　　价	55.00 元	

前言

汽车电器技术经历了一百多年的发展历程，随着电子技术的快速发展，电器设备在汽车上的应用越来越广泛，数量也越来越多，电子技术已经成为汽车的神经网络和汽车技术系统的核心，由此人们也将汽车称作是车轮上的计算机。

随着汽车电器设备占有率的加大，汽车故障亦变得更加隐蔽难排，故业内广泛流传"不懂汽车电器，就等于不懂汽车"之说。《汽车电器构造与维修》课程在汽车类专业中的教学地位也越显重要，理所当然地成为汽车类专业的核心课程，其教学任务是力求把传授汽车电器构造与维修知识和实践技能结合起来，强调理论知识的应用性，培养学生具备从事汽车电器维修的基本职业能力，同时培养学生具有一定的逻辑思维能力和分析解决实际问题的能力。

本书系统地讲述了汽车各种电器及电子设备的基本结构、工作原理、工作特性、常见故障的诊断与排除以及主要电器系统的保养与维护等内容，并在此基础上使学生掌握整车电路图的识图方法与故障诊断程序，掌握各种工具、仪器的使用方法，并能够独立地进行汽车电器的拆装与检修。

本书主要作为职业类学校汽车类专业教材，也可供汽车维修从业人员、汽车驾驶人员以及汽车运行管理人员参考。

编　者
2020 年 5 月

目 录

项目一 汽车电气设备基础 ································· 1

  一、汽车电气设备的组成 ····························· 1

  二、汽车电气设备的特点 ····························· 3

  三、常用汽车电气设备维修工具 ······················· 3

项目二 电源系统 ····································· 12

  一、蓄电池 ······································ 12

  二、交流发电机 ··································· 17

  三、电源系统常见故障的诊断与排除 ··················· 21

项目三 起动系统 ····································· 43

  一、起动系统的组成 ······························· 43

  二、起动机的组成与分类 ··························· 45

  三、起动机主要部件的构造 ························· 46

项目四 点火系统 ····································· 70

  一、传统点火系统 ································· 70

  二、电子点火系统 ································· 75

  三、微机控制点火系统 ····························· 82

项目五 照明与信号系统 ······························· 97

  一、前照灯 ······································ 97

  二、转向信号灯与闪光器 ··························· 103

  三、制动信号灯与倒车灯 ··························· 107

  四、喇叭 ·· 108

项目六 信息显示系统 ··· 129

一、汽车仪表 ··· 129

二、汽车报警装置 ··· 136

项目七 辅助电气系统 ··· 146

一、电动刮水器与洗涤装置 ··· 146

二、电动车窗、电动后视镜、电动座椅 ··· 150

三、中控门锁与防盗系统 ·· 153

项目八 空调系统 ··· 169

一、空调制冷系统的组成与工作原理 ·· 169

二、空调制冷系统主要零部件的结构与作用 ·· 171

三、空调的采暖系统与通风系统 ··· 178

项目九 汽车电气设备线路 ·· 194

一、汽车电气系统的基本元器件 ··· 194

二、汽车电路图的识读 ··· 204

三、汽车电气故障的检修要点 ··· 208

参考文献 ··· 213

项目一 汽车电气设备基础

项目导读

由于设计、材料、生产工艺、使用方式、检修保养等原因，汽车在使用过程中不可避免地要发生各种故障，这时需要借助一些电气设备检测工具来查找故障。数字万用表是汽车维修过程中必不可少的工具，本项目通过用数字万用表测量电压、电阻、二极管、三极管，使学生熟悉万用表的使用方法，为维修汽车做准备。

项目要求

了解汽车电气设备的组成。

了解汽车电气设备的特点。

了解常用汽车电气设备维修工具。

预备知识

自问世以来，汽车的发展给整个世界和人类生活带来了巨大改变，汽车技术也取得了令人瞩目的成就。电气设备是汽车的重要组成部分，它的质量与数量直接影响汽车的性能、档次与使用。

一、汽车电气设备的组成

现代汽车电气设备由电源系统、起动系统、点火系统、照明与信号系统、信息显示系统、辅助电气系统、空调系统以及汽车电气设备总线路组成。由电气设备组成的系统称为电气系统。

（1）电源系统

汽车电源系统包括蓄电池、交流发电机及电压调节器。在汽车装备的蓄电池和发电机两个电源中，蓄电池是辅助电源，发电机是主要电源。当汽车的发动机不工作时，由蓄电池供电；当发动机工作时，由发电机供电。电压调节器是一种电压调节装置,其功能是在发电机转速变化时,自动调节发电机的输出电压并使之保持恒定。

（2）起动系统

汽车起动系统包括起动机及其控制装置,用来起动发动机。

（3）点火系统

汽油发动机装备有点火系统,其功能是产生高压电火花,点燃气缸内的可燃性气体,而柴油发动机在压缩冲程末期,吸入缸内的气体温度已经超过柴油的燃点,从喷油器喷出的雾状柴油遇到热空气就会立刻燃烧,因此不需要装备点火系统。

思考:汽车上的两个电源会同时供电吗?

（4）照明与信号系统

汽车照明系统包括车内外各种照明灯,用以提供夜间或雾天安全行车必需的灯光照明。汽车信号系统包括转向信号灯、转向指示灯、闪光器、制动信号灯、倒车灯、喇叭等,用来提供安全行车所必需的信号。

（5）信息显示系统

汽车信息显示系统主要包括仪表与报警装置,如电流表、电压表、机油压力表、燃油表、冷却温度表、车速里程表和发动机转速表等仪表以及各种报警灯与指示灯,用来监测发动机和汽车的工作状况。

（6）辅助电气系统

汽车辅助电气系统包括电动刮水器及洗涤装置、电动车窗和电动后视镜、电动座椅、中控门锁及防盗系统等,用来提高汽车的舒适性及安全程度。

（7）空调系统

汽车空调系统包括制冷、采暖、通风、空气加湿装置等,用以保持车内适宜的温度和湿度,从而保持车内空气清新。

（8）汽车电气设备总线路

汽车电气设备总线路包括汽车导线、线束、连接器、各种控制开关、保护装置、中央继电器集线盒等,将全车线路构成了一个整体。

二、汽车电气设备的特点

汽车电气设备具有以下四个特点：

（1）直流

由于汽车上的蓄电池是直流电源，且蓄电池放电后必须采用直流电源对其充电，故汽车上的发电机也必须输出直流电，因此，汽车上采用直流电。

（2）起动系统

汽车电气系统的标称电压有 12 V、24 V 两种，汽油车普遍采用 12 V 电源供电，柴油车大多采用 24 V 电源供电。采用低压电气系统的主要优点是安全。目前，有部分混合动力的汽车采用了超过 300 V 的高压电路，但市场使用量很少。

（3）单线制

单线制是指从电源到用电设备只用一根导线连接，并利用汽车发动机、底盘和车身等金属机件作为各种用电设备的另一根公用导线。

（4）负极搭铁

搭铁是指采用单线制时，将蓄电池的一个电极连接到发动机、底盘和车身等金属机件上。若蓄电池的负极与金属机件连接，称为负极搭铁；反之，若蓄电池的正极与金属车体相连，称为正极搭铁。我国汽车行业标准中规定，汽车电气系统统一为负极搭铁。

三、常用汽车电气设备维修工具

1.万用表

万用表有指针式万用表和数字万用表两种，目前，数字万用表已成为主流。与模拟的指针式万用表相比，它具有以下特点：数字显示，读取直观、准确，可避免读数误差；测量速度快；分辨率高；功率损耗小；测试功能、保护电路齐全；抗干扰能力强。

（1）万用表的结构

数字万用表的面板主要由液晶显示屏、挡位选择开关和各种插孔组成。图 1-1 所示为胜利 VC890D 型数字万用表的面板外观图。

图 1-1　VC890D 型数字万用表面板外观图

（2）万用表的挡位选择

在测量不同的量时，应将挡位选择开关置于相应的挡位。VC890D 型数字万用表的挡位选择开关如图 1-2 所示，它有电阻挡、直流电压挡、交流电压挡、直流电流挡、交流电流挡、二极管测量挡、三极管测量挡、电容测量挡等挡位。

图 1-2　数字万用表的挡位选择开关和各种挡位

（3）万用表的插孔

VC890D 型数字万用表的面板上有多个插孔,其分布图如图 1-3 所示。

图 1-3　数字万用表的各种插孔

2.试灯

试灯是测试灯的简称,主要用来检测汽车电路的故障,根据试灯的亮灭以及灯的明暗程度就可以判断电路中有无断路、短路和搭铁故障,常使用的试灯有无源试灯和有源试灯两种,其中比较常见的是 12 V 无源试灯,如图 1-4 所示。

图 1-4　12 V 无源试灯

无源试灯可以用来检测电源系统电路的各线端是否有电源。如图 1-5 所示,将试灯的一端搭铁,另一端接电路上任何一个应有电压的接点。如果试灯发亮,说明被测试点上有电压。

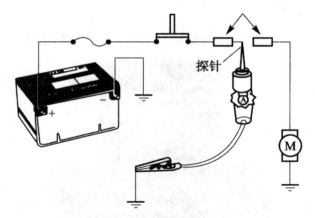

图 1-5　用无源试灯检测电源系统电路

3.密度计

密度计主要用来测量蓄电池中电解液的相对密度。

（1）密度计的结构

图 1-6 所示为密度计的结构,每支密度计内含浮子,浮子上的密度刻度由上至下可分为无电、半充电及充满电三种状态,图中所示为充满电状态。浮子的结构如图 1-7 所示。

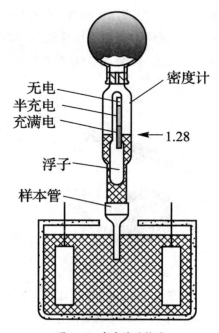

图 1-6　密度计的构造

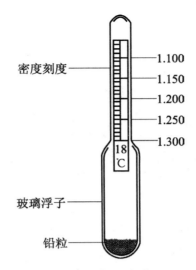

密度刻度 ———— 1.100
          ———— 1.150
          ———— 1.200
          ———— 1.250
          ———— 1.300

玻璃浮子 ————
铅粒 ————

图 1-7   浮子的构造

（2）密度计的使用

使用时，将密度计放入蓄电池中，吸取定量电解液，使密度计的浮子浮至适当位置以读取密度值，如图 1-8 所示，同时需加入温度计以测量电解液的温度。

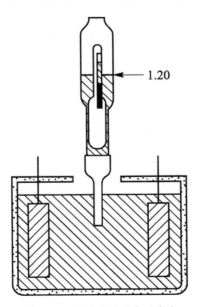

图 1-8   测量电解液的相对密度

为了便于读取密度值，通常在浮子的刻度侧读数，如图 1-9 所示。

在读取密度值之后，需要做温度校正以得到相对密度值。

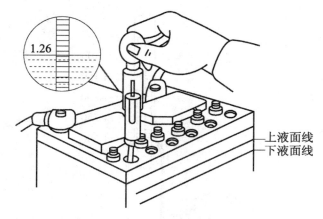

1.26

上液面线
下液面线

图1-9 在浮子的刻度侧读取密度值

注意

在使用时,密度计必须保持垂直,以免浮子与密度计玻璃外壳碰触。在测量过程中,注意衣服与皮肤勿触及电解液,必要时以清水冲洗,可避免损伤皮肤。

📚 **任务实施**

数字万用表的使用

1.任务目标

(1)学会用数字万用表测量电压;

(2)学会用数字万用表测量电阻;

(3)学会用数字万用表测量二极管;

(4)学会用数字万用表测量三极管。

2.任务器材

VC890D型数字万用表一台,汽车上常见的保险丝一个,1.5 V干电池一节,家用插座一个,二极管一只,三极管一只。

3.实施步骤

数字万用表是检修汽车电气设备过程中必不可少的工具,电压、电流、二极管、三极管的测量最为常见。

1）电压的测量

（1）交流电压的测量

可以用数字万用表的交流电压挡测量家庭用电、交流电压电路、电力变压器及工厂供电线路的电压。测量 220 V 市电电压的具体步骤如下：

① 将红表笔插入"VΩ"孔，黑表笔插入"COM"孔；

② 估计被测电压有可能的最大值，选取比估计电压高并且最接近的交流电压挡，本任务将挡位选择开关转至交流电压 750 V 挡；

③ 测量时，红、黑表笔分别接被测电压的两端，本任务将红、黑表笔分别接火线和零线；

④ 直接从显示屏上读出的数字就是被测电压值，将读数记录下来。例如，屏幕显示"237"，则所测电压为 237 V，如图 1-10 所示。

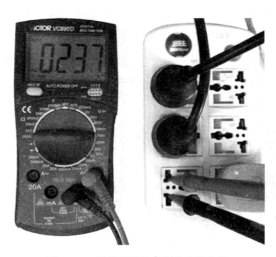

图 1-10 用数字万用表测量交流电压

（2）直流电压的测量

可以用数字万用表的直流电压挡测量各种类型的电池、电气设备、晶体管电路的电压。测量 1.5 V 干电池电压的具体步骤如下：

① 将红表笔插入"VΩ"孔，黑表笔插入"COM"孔；

② 估计被测电压有可能的最大值，选取比估计电压高并且最接近的直流电压挡，本任务将选择开关转至直流电压 2 V 挡；

③ 测量时，红表笔接被测电压的高电位处（正极），黑表笔接被测电压的低电位处（负极）。

3）二极管的测量

规定红表笔接二极管的正极，黑表笔接二极管的负极，二极管的导通为正向导通。测量某二极管的具体步骤如下：

① 将万用表挡位转至二极管测量挡；

② 将万用表的两支表笔放在二极管的两端；

③ 若万用表显示具体数值，说明二极管正向导通，如图 1-13 所示；若万用表显示为"OL"，说明二极管未导通，如图 1-14 所示；

④ 将万用表的两支表笔对调。若两次测量得出第三步的两种情况，说明该二极管良好；若两次测量万用表都有数字显示，说明二极管已经被击穿；如果两次测量万用表都显示"OL"，说明二极管已断路。

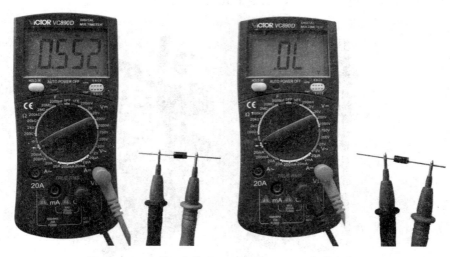

图 1-13　二极管正向导通　　　图 1-14　二极管未导通

4）三极管的测量

① 将万用表挡位转至三极管测量挡；

② 将三极管放到三极管测试座的引脚插孔中进行测试；

③ 若万用表显示"0"，说明放进的管脚、极性不正确，如图 1-15 所示；

④ 若万用表有数字显示，说明放进的管脚、极性正确，显示屏读数即为三极管的放大倍数，如图 1-16 所示。

图 1-15 三极管管脚极性不正确

图 1-16 三极管管脚极性不正确

4.注意事项

（1）在测量过程中,手不允许碰万用表的表头（金属部分）,防止触电；

（2）选择正确的功能和量程,谨防误操作；

（3）转换功能和量程时,表笔应离开测试点。

项目二　电源系统

项目导读

汽车电气设备所使用的电源为直流电源,它来自蓄电池或发电机。由蓄电池、交流发电机、电压调节器等构成的电气系统称为电源系统。汽车在使用过程中,常常会由于各种原因造成电源系统故障,导致汽车行驶不正常或停驶。本项目通过对电源系统的主要设备——蓄电池和发电机的技术状况进行检测、对蓄电池进行充电、对发电机进行拆装与检修四个工作任务,使学生熟悉电源系统的维修方法。

项目要求

了解蓄电池的功能、结构和型号编制方法。

掌握蓄电池的工作原理。

了解交流发电机的结构,掌握其工作原理。

学会诊断和排除电源系统常见的故障。

预备知识

一、蓄电池

1.蓄电池的功能

起动发动机时,向起动机提供强大的电流,并向起动系统、点火系统等用电设备供电。

当发动机产生故障不能供电时,向用电设备供电。

当发电机超负荷时,协助发电机供电。

当发电机正常工作时,储存多余的电能。

当发电机转速或负荷变化时,保持电路电压的稳定。

2.蓄电池的结构

汽车用蓄电池多为铅酸蓄电池(也称铅蓄电池)。普通蓄电池主要由极板、隔板、电解液、外壳、极柱、联条等部分组成。每个蓄电池由若干个单格电池组成,12 V 蓄电池由六个单格电池串联而成,每个单格电池电压为 2.1 V,如图 2-1 所示。

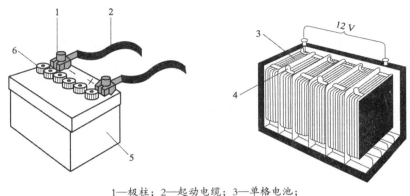

1—极柱;2—起动电缆;3—单格电池;
4—联条;5—外壳;6—加液孔盖

图 2-1 蓄电池的结构

(1)极板

极板是蓄电池的核心,由栅架和活性物质组成。活性物质填充在铅锑合金铸成的栅架上。正极板上的活性物质是褐色的二氧化铅(PbO_2),负极板上的活性物质是青灰色海绵状纯铅(Pb)。

(2)隔板

为减小蓄电池的内阻和体积,防止正、负极板接触而短路,通常在正、负极板之间插入隔板。隔板应具有多孔性,以便电解液渗透,还应具有良好的耐酸性和抗氧化性。

(3)电解液

电解液在蓄电池的化学反应中起重要作用,它由相对密度为 1.84 的纯硫酸与蒸馏水按一定比例配置而成,相对密度一般在 1.24 ~ 1.30 之间。

(4)外壳

用来盛装电解液和极板组,多采用整体式结构,可拆修性较差。

(5)极柱

极柱分为正极柱和负极柱,用铅锑合金浇铸,一般正极柱粗些。使用时应注意防护,防止极柱被腐蚀或氧化。

（6）联条

由于各个单格电池相互串联，各单格电池间需要与极柱熔焊在一起的连接板条连接，这种连接板条就称为联条。单格电池现多采用穿壁式串联方式。

（7）加液孔盖

用来添加电解液并防止电解液溅出，位于外壳盖上，它的上面开有通气孔来排出电解过程中产生的 H_2 和 O_2，还装有氧过滤器以减少水的消耗。

电池类型主要根据用途来划分。如"Q"表示起动用蓄电池；"M"表示摩托车用蓄电池。蓄电池的特征代号见表2-1。无字母表示为普通蓄电池。

表2-1　蓄电池的特征代号

特征代号	蓄电池特征	特征代号	蓄电池特征	特征代号	蓄电池特征
M	密封式	H	湿式荷电	J	胶体式
W	免维护	WF	微型阀控式	JR	卷绕式
A	干式荷电	P	排气式	F	阀控式

第三部分：用阿拉伯数字表示该蓄电池的额定容量。我国规定用20 h放电率的额定容量来定义，单位为 A·h（安培·小时），额定容量越大表示其起动能力越强。

注意：当需要标志蓄电池所需使用的特殊环境时，应按照有关标准及规程要求，在蓄电池型号的末尾和有关技术文件上做明显标志。

4.蓄电池的工作原理

蓄电池的工作原理实际上是化学能与电能的相互转化。蓄电池将化学能转化为电能而向外供电的过程，称为放电过程；相反，蓄电池将电能转化为化学能而储存起来的过程，称为充电过程。蓄电池的充放电过程如图2-3所示。

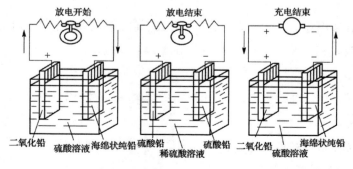

图2-3　蓄电池的充放电过程

充电过程的化学反应为：$2PbSO_4 + 2H_2O \rightarrow PbO_2 + Pb + 2H_2SO_4$

放电过程的化学反应为：$PbO_2 + Pb + 2H_2SO_4 \rightarrow 2PbSO_4 + 2H_2O$

由以上反应可知，蓄电池在充电过程中生成了硫酸而消耗了水，电解液密度增大；蓄电池在放电时消耗了硫酸而生成了水，电解液密度减小，因此，通过测量蓄电池电解液的密度可以了解蓄电池的充放电状况。

5.蓄电池的故障分析

蓄电池的故障可分为外部故障和内部故障，其外部故障主要有外壳裂纹、封口胶干裂、极柱腐蚀和松动；内部故障主要有极板硫化、自行放电、极板短路和极板活性物质脱落。下面详细介绍蓄电池的内部故障。

1）极板硫化

（1）故障现象

内阻显著增大，极板上生成白色粗晶粒硫酸铅的现象称为硫酸铅硬化，简称"硫化"。极板硫化主要发生在负极板上，是导致蓄电池寿命终止的主要原因。

（2）故障特征

① 极板颜色不正常；② 放电时端电压下降快，充电时端电压上升快，电池容量降低；③ 电解液密度低于正常值，充电时密度增加很慢；④ 充电时单格电压上升很快或单格电压过高（2.8～3.0 V）；⑤ 易早沸腾。

（3）故障主要原因

① 蓄电池长期充电不足或放电后不及时充电，当温度变化时，硫酸铅发生再结晶；② 蓄电池液面过低，极板上部发生氧化后与电解液接触，生成粗晶粒硫酸铅；③ 电解液密度过高；④ 电解液中含有较多杂质；⑤ 气温变化剧烈。

（4）故障处理方法

① 程度轻的采用过充电法；② 程度较严重的采用小电流长时间过充电法；③ 程度严重的采用水处理法。

（5）防硫化措施

① 保证蓄电池经常处于充足电状态；② 汽车上的蓄电池定期送充电间彻底充电；③ 放完电的蓄电池在 24 h 内送充电间充电；④ 电解液液面高度应符合规定。

2）自行放电

（1）故障现象

充足电的电池，30 天内，每昼夜容量降低超过 2%。

（2）故障特征

电池不用时，电能自行消耗。

（3）故障主要原因

① 使用因素包括电解液杂质过多、电解液密度偏高、电池表面不清洁、电池长期不用；② 结构因素包括未使用专用硫酸配制电解液、配制用器皿为非耐酸材料且不防脏物掉入的材料、电池盖和电池塞未装好、未经常清洁表面且保持干燥。

（4）故障处理方法

对于自放电严重的蓄电池，若是因为电解液不纯引起的自放电，可以将蓄电池完全放电或过度放电，使极板上的杂质进入电解液，然后将电解液倒出，用蒸馏水将蓄电池仔细清洗干净，最后加入新电解液重新充电。

3）极板短路

（1）故障现象

无法起动；蓄电池无电压。

（2）故障特征

① 充电时电解液温度迅速升高；② 电压和密度上升很慢；③ 充电末期气泡很少；④ 高率放电计试验时，电压迅速下降；⑤ 易早沸腾。

（3）故障主要原因

① 隔板损坏；② 极板拱曲；③ 活性物质大量脱落。

（4）故障处理方法

解体、更换极板或隔板。

4）极板活性物质脱落

（1）故障现象

蓄电池的电解液浑浊，有褐色物质浮出。活性物质脱落主要在正极板上发生，是蓄电池过早损坏的主要原因之一。

（2）故障特征

① 蓄电池的容量明显下降；② 充电时，单格电池的端电压上升快，电解液过早出现沸腾现象，电解液密度不能达到规定的最大值；③ 放电时，蓄电池的容量明显下降。

（3）故障主要原因

① 充电电流过大；② "过充"时间长：电解 $H_2O \rightarrow$ 产生 $H_2 \uparrow$ 和 $O_2 \uparrow \rightarrow$ 冲击极板上的活性物质；③ 低温大电流放电造成极板拱曲；④ 电解液不纯；⑤ 汽车行驶时颠簸、振动。

（4）故障处理方法

① 程度轻的采用清洗后更换电解液的方法；② 程度严重的采用更换极板或直接报废的方法。

二、交流发电机

1.交流发电机的结构

发电机是电源系统的主要设备，其作用是在发动机怠速转速以上运转时，除向起动机以外的所有用电设备供电外，同时还向蓄电池充电。目前，汽车上大多采用交流发电机。国内外生产的汽车用交流发电机的结构基本相同，多是由一台三相同步交流发电机和一套六只硅二极管组成的整流器所构成。

图 2-4 所示为国产 JFZ1913Z 型整体式交流发电机的分解图，它由转子总成、定子总成、整流器总成、前后端盖、风扇与带轮、电刷与电刷架等部件组成。

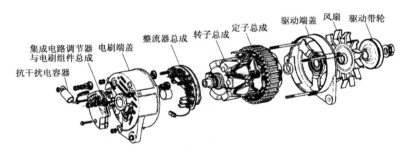

图 2-4　国产 JFZ1913Z 型整体式交流发电机的分解图

（1）转子

转子是交流发电机的磁场部分，主要由爪极、磁轭、励磁绕组、集电环（旧称滑环）及轴组成，两块爪极被压装在转轴上，内腔装有磁轭，并绕有励磁绕组。绕组两端的引线分别焊在与轴绝缘的两个集电环上，如图 2-5 所示。

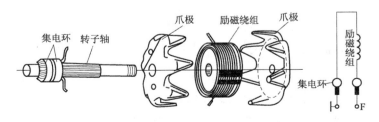

图 2-5　转子的结构及电路

（2）定子

定子是交流发电机产生感应电动势的部分，主要由定子铁芯（由硅钢片叠成）和三相对称绕组组成。三相绕组的接法有星形联结和三角形联结两种，现在一般采用星形联结，如图2-6所示。

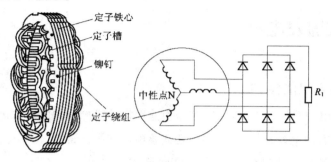

图2-6　定子的结构及电路

（3）整流器

整流器的作用是将三相定子绕组输出的交流电，通过三相桥式整流电路变成直流电输出。整流器由正整流板和负整流板组成，其结构如图2-7所示。

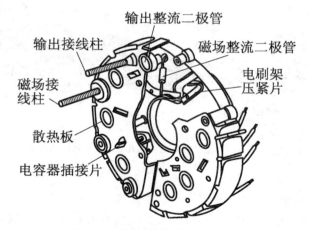

图2-7　桑塔纳轿车整流器的结构

（4）前后端盖

端盖的作用是支撑转子总成并封闭内部构造，它由铝合金制成，铝合金为非导磁性材料，可减小漏磁通，并且轻便、散热性好。后端盖内装有整流器。

（5）风扇与带轮

风扇一般用低碳钢板冲压而成，其作用是在发电机工作时，对发电机进行强制通风冷却。带轮一般用铸铁或铝合金铸造而成，有单槽和双槽之分。

（6）电刷与电刷架

交流发电机的两个电刷装在与端盖绝缘的电刷架内，通过弹簧使其与集电环保持接触。目前，国产汽车用交流发电机的电刷有两种结构：一种电刷的更换在发电机外部进行，称为外装式；另一种电刷的更换在电机内部进行，称内装式，如图2-8所示，两个电刷中的一个与外壳绝缘，称为绝缘电刷，其引线接到发电机后端盖外部的接线柱上，称为发电机的磁场（F）接线柱；另一个电刷是搭铁的，称为搭铁电刷。

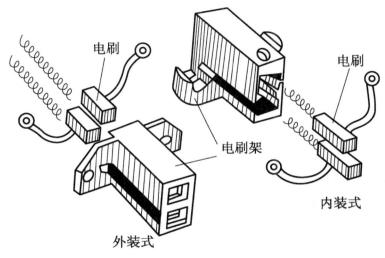

图 2-8　电刷的结构

2.交流发电机的工作原理

根据汽车用交流发电机的结构特点，其工作原理可以从发电原理、整流原理两方面进行阐述。

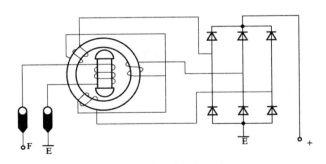

图 2-9　交流发电机电路

1）电压的测量

汽车用交流发电机的内部有一个电动机，当发电机工作时，由电动机带动转子旋转产生旋转磁场。旋转磁场使定子绕组切割磁感线产生感应电动势，这就是交流发电机的发电原理。

交流发电机电路如图 2-9 所示。由运动关系可知，定子绕组切割磁感线运动，在三相对称绕组内产生频率相同、幅值相等、相位互差 120° 电角度的感应电动势。每相绕组感应电动势的大小与串联的匝数、感应电动势的频率以及旋转磁场的转速成正比。其有效值可表示为：

$$E = C_e n \Phi$$

2）整流原理

汽车的电气设备在工作时需要直流电，蓄电池充电时也需要直流电。而交流发电机发出的三相交流电并不满足汽车的需求，因此需要将交流电变成直流电来供汽车使用，这个过程称为整流。

如图 2-10 所示，在 6 管整流发电机中，整流器上六只二极管组成三相桥式整流电路，利用二极管的单向导电性实现整流。VD_1、VD_3、VD_5 为正二极管，正极的引出线分别接发电机三相绕组的首端，负极连接在一起。在某一瞬时，只有与电位最高一相绕组相连的正二极管导通。

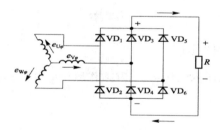

（a）整流原理

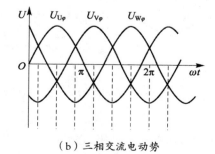

（b）三相交流电动势

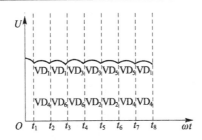

（c）整流后发电机输出的平稳脉冲电压

图 2-10　三相桥式整流电路

3.电压调节器的功能与分类

1）电压调节器的功能

发电机所用的调节器为电压调节器,其作用是在发电机的转速变化时,自动控制发电机的电压保持恒定。由于交流发电机的转子是由发动机通过皮带驱动旋转的,发动机和交流发电机的转速比为 1.7～3,交流发电机转子的转速变化范围非常大,这样将引起发电机的输出电压发生较大变化。为了满足用电设备恒定电压的要求,交流发电机必须配用电压调节器才能工作。

2）电压调节器的分类

电压调节器的种类很多,主要可以按以下两种方法分类:

① 按工作原理的不同可分为:触点式电压调节器(已淘汰)、晶体管式电压调节器、集成电路(IC)电压调节器、微机控制电压调节器。

② 按搭铁方式的不同可分为:内搭铁型电压调节器和外搭铁型电压调节器。

三、电源系统常见故障的诊断与排除

电源系统的工作是否正常,可以通过充电系统的工作状况来判断。充电系统的常见故障主要有不充电、充电电流过小、充电电流过大和充电电流不稳。

1.不充电

（1）故障现象

发动机中、高速运转时,充电指示灯亮或电流表指示放电。

（2）故障原因

① 蓄电池与发电机之间的接线断开或脱落;

② 发电机不发电；

③ 调节器调整不当或有故障等。

（3）故障诊断步骤与排除方法

① 检查发电机皮带的松紧度，若发电机皮带过松，应调整；检查发电机皮带是否打滑；

② 检查充电线路各导线和接头有无断裂或松脱，检查发电机的接线是否正确、可靠；

③ 对于内搭铁型发电机，将发电机"F"接线柱取下，另用导线将"＋"与"F"接线柱连接。若充电，说明调节器有故障；若不充电，说明发电机或充电线路有故障。对于外搭铁型发电机，将发电机"F—"接线柱取下，另用导线将"F—"接线柱搭铁。若充电，说明调节器有故障；若不充电，说明发电机或充电线路有故障；

④ 若发电机有故障，可用万用表测量各接线柱之间的电阻值，粗略判断故障所在。测量前，拆下发电机各接线柱上的导线，用万用表测量各接线柱间的电阻值，其阻值应符合规定，否则应对发电机进行拆检；

⑤ 若调节器有故障，对于晶体管式调节器，应更换；对于触点式调节器，应检查低速触点有无烧蚀或脏物，若有，应用砂纸或砂布条研磨或清洁，还应检查高速触点能否分离，若不能分离应修复。

2.充电电流过小

（1）故障现象

蓄电池在亏电情况下，发动机中速以上运转时，电流表会指示充电电流过小。即起动发动机时，起动机带动发动机曲轴转动很慢或根本带不动发动机曲轴转动。

（2）故障原因

① 充电线路或磁场线路接线端子松动而接触不良；

② 发电机故障；

③ 调节器故障。

（3）故障诊断步骤与排除方法

① 检查发电机皮带的松紧度，如发电机皮带过松，应调整。检查充电线路各导线接头是否接触不良或锈蚀脏污；

② 对于内搭铁型发电机，将发电机"F"接线柱取下，另用导线将"＋"与"F"接线柱连接。若充电量增加，说明调节器有故障；若充电量不变，说明发电机有故障。对于外搭铁型发电机，将发电机"F—"接线柱取下，另用导线将"F—"接线柱搭铁。

若充电量增加,说明调节器有故障;若充电量不变,说明发电机有故障;

③ 若是发电机有故障,应进行解体检查;

④ 若是调节器有故障,对于晶体管调节器,应更换;对于触点式调节器,应拆下调节器盖进行检查。

3.充电电流过大

(1)故障现象

汽车行驶时,充电电流始终保持在 10 A 以上且不减小。

(2)故障原因

① 电压调节器内部电路参数匹配不当;

② 控制励磁电流的大功率三极管短路;

③ 调节器前级驱动电路断路造成发电机的电压失控。

(3)故障诊断步骤与排除方法

① 打开调节器盖进行调整和检修;

② 对于晶体管调节器或集成电路电压调节器,应更换新品。

4.充电电流不稳

(1)故障现象

发电机运转时,电流表指示充电,但指针左右摆动。

(2)故障原因

① 发电机驱动带过松、打滑,充电线路中接头松动;

② 发电机内部接触不良,如电刷弹簧弹力过弱,绕组接头松动,滑环积污过多,电刷磨损过度等;

③ 调节器有故障,如触点脏污或烧蚀,电磁线圈或电阻各接头有接触不良现象,调节电阻断路等;

④ 晶体管调节器中元件虚焊、元件稳定性差等。

(3)故障诊断步骤与排除方法

① 拆下调节器的"+"与"F"接线柱之间的接线,用试灯连接发电机"+"与"F"接线柱,提高发动机的转速;

② 若试灯不稳定发光,说明发电机有故障;

③ 若试灯稳定发光,则可能是调节器或充电系统电路有故障,应分别进行检查。

一、检测蓄电池的技术状况

1.任务目标

（1）学会对蓄电池的外部进行检查。

（2）学会使用玻璃管检测电解液的液面高度。

（3）学会使用吸入式密度计检测电解液的放电程度。

（4）学会使用高率放电计检测放电电压。

2.任务器材

蓄电池若干台，吸入式密度计一支，12 V 高率放电计一支，蒸馏水、电解液、自来水适量，抹布、砂皮若干，塑料尺一把。

3.实施步骤

蓄电池的技术状况直接关系到蓄电池的工作状况，对蓄电池的技术状况定期进行检测，不仅能使蓄电池发挥最大能效，而且能延长蓄电池的使用寿命。一般来说，轿车每行驶 1 000 km（或冬季行驶 10 ~ 15 天，夏天行驶 5 ~ 6 天），需对蓄电池进行一次检测。

1）外部检查

通过以下步骤检查蓄电池的外部：

① 检查蓄电池安装是否牢靠，接线是否松动，极柱是否被腐蚀或氧化；

② 检查蓄电池封胶是否开裂，外壳有无破裂，电解液有无泄漏；

③ 检查蓄电池是否有尘土或污垢，通气孔是否畅通。

2）液面高度的检测

蓄电池电解液的液面高度通常采用目测法或玻璃管检测法进行检测。目测法适用于半透明式蓄电池，液面应位于最高（Max）和最低（Min）液面标记之间。玻璃管检测法如图 2-11 所示，其检测步骤如下：

① 把内径为 3 ~ 5 mm、长为 100 ~ 150 mm 的玻璃管插入加液孔内，使其与极板防护片相抵；

② 用手指堵住玻璃管的另一端，把玻璃管提出后测量吸入管内的液柱高度。液

柱高度应在 10 ~ 15 mm 之间。

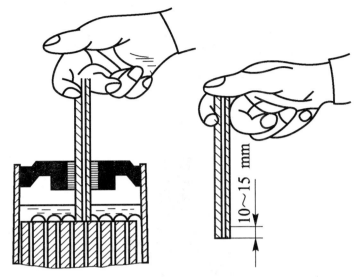

图 2-11 电解液液面高度的检测

3）放电程度的检测

用吸入式密度计可以测量出单格电池电解液的密度，通过密度值可以判断出蓄电池的放电程度。具体步骤如下：

① 将一定量的电解液吸入密度计内，使密度计浮子处于吸管的中部，不能触及吸管的顶部、底部及玻璃壁，液面所在的刻度即为相对密度值（参见图 1-9）；

② 在测量电解液的密度时，应同时测量电解液的温度，并将测得的电解液密度转换成 25℃时的相对密度（我国以 25℃为标准），转换公式为：

$$\rho_{25℃} = \rho_t + \beta(t - 25)$$

式中，—25℃时的电解液相对密度。

—实测电解液密度。

—实测电解液温度。

β —密度温度系数为 0.000 75。它表示温度每上升 1℃，相对密度下降 0.000 75。

（3）根据实际经验，电解液相对密度每减少 0.01，相当于蓄电池放电 5%，所以从测得的电解液相对密度，就可以粗略估算出蓄电池的放电程度。

4）放电电压的检测

用 12 V 高率放电计（或蓄电池测试仪）可以测量蓄电池的端电压，测量步骤如下：

① 清洁蓄电池极柱上的氧化物；

② 将两个叉尖紧压在单格电池的正、负极柱上,并保持 3 ~ 5 s;

③ 观察蓄电池大电流放电时的端电压。对于 12 V 的蓄电池,若电压稳定在 9.6 V 或略高,说明蓄电池性能良好,但存电不足;若电压稳定在 10.6 ~ 11.6 V,说明蓄电池性能良好且存电较足;若电压迅速下降,则说明蓄电池内部有故障,常用的高率放电计如图 2-12 所示。

（a）3 V 高率放电计

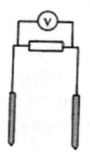

（b）原理图

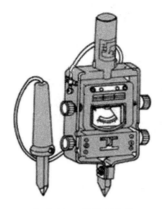

（c）12 V 高率放电计

图 2-12　高率放电计

将检测结果填写在表 2-2 中，并计算蓄电池的放电程度。

表 2-2　蓄电池技术状况检测数据表

项　目	蓄电池单格数					
	1	2	3	4	5	6
液面高度						
电解液密度						
端电压						
放电程度						

4.注意事项

（1）在测量电解液的液面高度时，若液面过低，应补加蒸馏水；若液面过高，应用密度计吸出部分电解液；

（2）在测量电解液密度时，对于大电流放电或刚加注蒸馏水的蓄电池，不可立即测量电解液密度，因为此时电解液混合不均匀；

（3）在检测过程中，衣服及皮肤应未触及电解液，必要时以水冲洗，避免损伤皮肤。

二、对蓄电池进行充电

1.任务目标

（1）学会用充电机给蓄电池充电的一般方法。

（2）学会用充电机给蓄电池快速充电。

2.任务器材

蓄电池一台,充电机一台,常用维修工具一套。

3.实施步骤

1）充电前的检查

在对蓄电池充电之前,需要对蓄电池按下述步骤进行检查。

① 检查蓄电池的柱头是否清洁干净,以免接触不良;

② 观察蓄电池侧面的液面指示线,检查液量。如果减少到（LOWER）位置,如图 2-13 所示,进行下一步;

③ 打开蓄电池的加液孔盖,如图 2-14 所示;

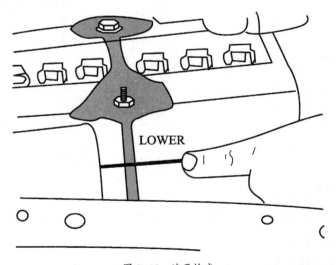

图 2-13　液面检查

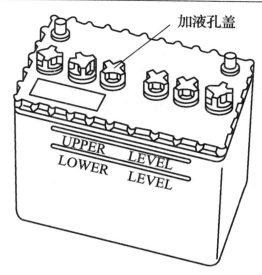

图 2-14 电解液的高度

④ 高度不足时补充蒸馏水。补液时应使六个单格分电池的液面均匀等高，到上限（UPPER LEVEL）位置，如图 2-15 所示；

⑤ 如果蓄电池装有指示器，可对其进行确认从而检查充电状态，中间部位呈蓝色时即为正常，如图 2-16 所示。

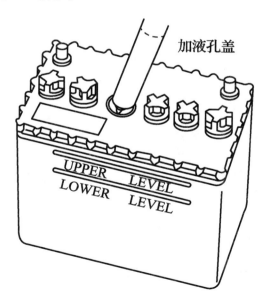

图 2-15 补充电解液

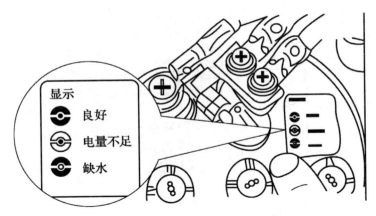

图 2-16 用指示器检查蓄电池

2）一般充电

一般情况下对蓄电池进行充电的具体步骤如下：

① 将蓄电池的电源插头插在 500 W 以上的专用线束插座上；

② 红色夹夹在蓄电池"＋"极，黑色夹夹在蓄电池"—"极；

③ 切换开关扳在正确电压侧，如 12 V 或 24 V；

④ 转动调节器至规定的充电电流；

⑤ 充电时间见表 2-3；

⑥ 先关闭充电机开关，再拆开蓄电池的连接线，并收整放齐；

⑦ 装回加液孔盖，并将蓄电池表面的电解液擦拭干净。将蓄电池摆放整齐。

表 2-3 剩余电量状况与充电时间的关系

剩余电量状况（密度值 g/cm^3）	充电时间（h）
几乎没有剩余量（密度 1.10 以下）	10
只点小灯也暗（密度 1.15 以下）	8
大灯暗（密度 1.20 以下）	7
发动机起动有困难（密度 1.23 以下）	6

3）快速充电

对蓄电池进行快速充电的具体步骤如下：

① 车上蓄电池充电前，必须先拆开蓄电池的搭铁线；

② 将蓄电池的电源插头插在 500 W 以上的专用线束插座上；

③ 红色夹夹在蓄电池"＋"极，黑色夹夹在蓄电池"－"极；

④ 切换开关扳在正确电压侧，如单一蓄电池在 12 V 侧；

⑤ 旋转电流调节器至充电电流为蓄电池电容量安培数的 1/2（如 100 A·h 时，充电电流为 50 A）；

⑥ 利用定时器，设定充电时间，如 30 min；

⑦ 测量电解液温度，超过 45℃时，降低充电电流或停止充电；

⑧ 先关闭充电机开关，再拆开蓄电池的连接线，收放整齐；

⑨ 装回加液孔盖，并将蓄电池表面的电解液擦拭干净。将蓄电池摆放整齐。

4.注意事项

（1）充电区必须保持通风良好；

（2）新蓄电池或修复后的蓄电池在使用之前的首次充电称为初充电。初充电的电流要小些，充电时间应适当延长。

三、交流发电机的技术条件检测

1.任务目标

（1）学会对交流发电机进行空载转速试验、零电流转速试验、最小工作电流试验以及额定输出电流试验。

（2）学会对电压调节器进行调节特性试验、转速特性试验和负载特性试验。

2.任务器材

交流发电机与电压调节器试验台一个，整体式交流发电机（或外接电压调节器的交流发电机）一台，万用表若干块，常用工具若干套，导线若干根。

3.实施步骤

根据我国汽车行业标准《汽车用交流发电机技术条件》规定，交流发电机和晶体管式电压调节器在环境温度为（23±5）℃条件下，其性能应分别符合表 2-4 和表 2-5。

表2-4 交流发电机的技术条件

额定输出		配用调节器类型	零电流转速		最小工作电流		输出额定电流时的转速	
电压UR（V）	电流IR（A）		试验电压Ut（V）	转速（r/min）≤	试验电压Ut（V）	电流IL（A）≥	试验电压Ut（V）	转速（r/min）≤
14	19、26 34、45 55、65	晶体管式	13.5	1 150	13.5	25%IR	13.5	6 000
	75、90	晶体管式	13.5	1 150	13.5	30%IR	13.5	6 000
	115	晶体管式	13.5	1 000	13.5	35%IR	13.5	6 000
28	12、27 35	晶体管式	27	1 150	27	25%IR	27	6 000
	45	晶体管式	27	1 200	27	30%IR	27	6 000
	95、120	晶体管式	27	1 050	27	35%IR	27	6 000

表2-5 晶体管式电压调节器的技术条件

试验项目	电压等级（V）	试验条件	调节电压或调节电压差值（V）
调节特性	12	$n = 6\,000$ r/min $I = 50\%IR$	14.2 ± 0.25
	24		28.0 ± 0.30
转速特性	12	$I = 10\%IR$（不低于2 A） $n1 = 2\,000$ r/min $n2 = 10\,000$ r/min	$|\triangle U| \leqslant 0.3$
	24		$|\triangle U| \leqslant 0.5$
负载特性	12	$n = 6\,000$ r/min $I1 = 10\%IR$（不低于2 A） $I2 = 85\%IR$	$|\triangle U| \leqslant 0.5$
	24		$|\triangle U| \leqslant 0.8$

交流发电机与电压调节器的试验电路如图 2-17 所示。

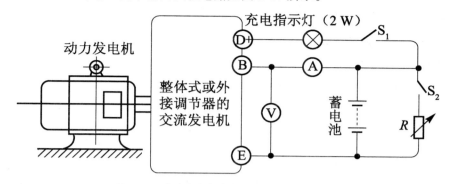

图 2-17　交流发电机与电压调节器的试验电路

1）空载转速试验

对交流发电机进行空载转速试验的步骤如下：

① 按试验电路图连接交流发电机、电压调节器和试验台；

② 断开开关 S^2，闭合开关 S^1，使蓄电池向发电机提供励磁电流；

③ 起动电动机，并缓慢升高发电机的转速，当充电指示灯熄灭时，发电机的转速即为空载转速。该转速值应低于表 2-4 中所规定的零电流转速值。

2）零电流转速试验

对交流发电机进行零电流转速试验的步骤如下：

① 按试验电路图连接交流发电机、电压调节器和试验台；

② 断开开关 S^2，闭合开关 S^1，使蓄电池向发电机提供励磁电流；

③ 起动电动机，先将发电机的转速升高到 1 000 r/min 以上，然后缓慢降低发电机的转速，直至输出电流介于额定电流的 5% 和 2 A 之间。记录其转速和电流，画出电流 – 转速特性曲线。

将电流-转速特性曲线延长至与横坐标轴相交，该交点的转速即为零电流转速。

3）最小工作电流试验

对交流发电机进行最小工作电流（1 500 r/min 的输出电流）试验的步骤如下：

① 按试验电路图连接交流发电机、电压调节器和试验台；

② 断开开关 S^2，闭合开关 S^1，使蓄电池向发电机提供励磁电流；

③ 起动电动机，并将发电机的转速升高到 1 500 r/min，保持不变；

④ 闭合开关 S^2，逐渐调小负载电阻使负载电流增大，此时发电机的输出电压将会降低。当电压降低到试验电压时，电流表指示的输出电流值应该符合表 2-4 中的规定。

4）额定输出电流试验

对交流发电机进行额定输出电流试验的步骤如下：

（1）按试验电路图连接交流发电机、电压调节器和试验台；

（2）断开开关 S_2，闭合开关 S_1，使蓄电池向发电机提供励磁电流；

（3）起动电动机，并将发电机的转速升高到 6 000 r/min，保持不变；

（4）闭合开关 S_2，逐渐调小负载电阻使负载电流增大，此时发电机的输出电压将会降低。当电压降低到试验电压时，电流表指示的输出电流值应该符合表 2-4 中的规定。

若输出电流能够达到额定输出电流值，说明发电机性能良好；若输出电流低于额定输出电流值，说明发电机性能降低或有故障，应及时修理或更换发电机。

5）电压调节器的调节特性试验

对电压调节器进行调节特性试验是为了检测电压调节器的调节电压是否在规定范围内，其试验步骤如下：

① 按试验电路图连接电压调节器、交流发电机和试验台；

② 闭合开关 S_1，起动电动机，并将发电机的转速升高到 6 000 r/min，保持不变；

③ 闭合开关 S_2，调节负载电阻使发电机的输出电流达到 50%IR，此时电压表指示的电压即为电压调节器的调节电压值，其值应符合表 2-5 中的规定。

6）电压调节器的转速特性试验

对电压调节器进行转速特性试验是为了检测当发电机的转速变化时电压调节器的调节电压的变化幅度。其试验步骤如下：

① 按试验电路图连接电压调节器、交流发电机和试验台；

② 闭合开关 S_1，起动电动机，并将发电机的转速升高到 2 000 r/min，保持不变；

③ 闭合开关 S_2，调节负载电阻使发电机的输出电流达到 10%IR（不低于 2 A）保持不变，并记录此时电压表指示的电压值，其值应符合表 2-5 中的规定；

④ 将发电机的转速从 2 000 r/min 升高到 10 000 r/min，同时读取电压表指示的电压值，其值应符合表 2-5 中的规定。

7）电压调节器的负载特性试验

对电压调节器进行负载特性试验是为了检测发电机负载变化时电压调节器调节电压的变化幅度。其试验步骤如下：

① 按试验电路图连接电压调节器、交流发电机和试验台；

② 闭合开关 S_1，起动电动机，并将发电机的转速升高到 6 000 r/min，保持不变；

③ 闭合开关 S$_2$，调节负载电阻使发电机的输出电流达到 10%IR（不低于 2 A）保持不变，并记录此时电压表指示的电压值，其值应符合表 2-5 中的规定；

④ 将负载电流从 10%IR 增大到 85%IR，同时读取电压表指示的电压值，其值应符合表 2-5 规定。

4.注意事项

（1）由于发电机性能与励磁电流有关,因此在试验中规定电压调节器的大功率三极管压降应低于或等于 1.5 V;

（2）接线时一定要严格按照试验电路接线,注意勿错接或短接;

（3）试验中应注意不要接触高压线导线部分,以避免受到高压电击。

四、拆装与检测发电机

1.任务目标

（1）学会就车拆卸发电机。

（2）能够准确良好地完成转子、定子、整流器二极管、电刷的检测。

（3）检测完各部件后,能够准确地恢复装配。

2.任务器材

万用表一块,游标卡尺一把,百分表一块,弹簧秤一台,电烙铁一个,汽车用交流发电机一台,常用拆装工具一套,常用维修工具一套。

3.实施步骤

1）发电机的就车拆卸

从汽车上拆卸发电机的步骤如下:

① 拆下蓄电池负极电缆。断开负极电缆之前,应对 ECU 内存信息（如电动座椅位置等）做必要的保存;

② 移开橡胶保护套,如图 2-18 所示。

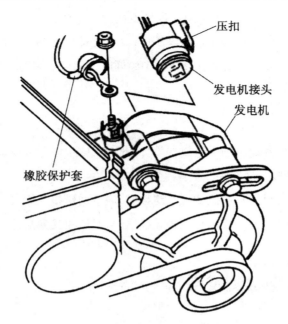

图 2-18　移开橡胶保护套

③ 拆开发电机接头；

④ 拆开调整螺栓及固定螺栓，如图 2-19 所示；

⑤ 取下皮带及发电机。

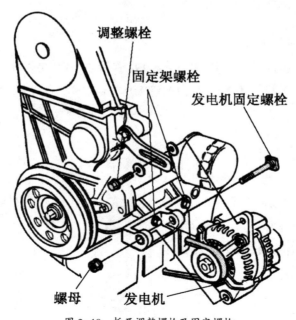

图 2-19　拆开调整螺栓及固定螺栓

2）发电机的拆解

发电机的拆解步骤如下：

① 拆开固定螺栓,使前端盖总成与后端盖总成分离,如图 2-20 所示;

② 拆开转子轴上的固定螺母,使皮带、前端盖、转子分离,如图 2-21 所示;

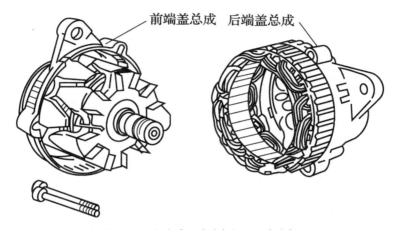

图 2-20　分离前端盖总成与后端盖总成

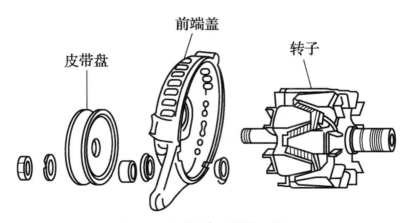

图 2-21　分离皮带、前端盖、转子

③ 必要时使用轴承拉出器拆下轴承,如图 2-22 所示;

④ 拆开固定螺母及绝缘衬套;

⑤ 拆开整流器固定螺栓与电刷架固定螺栓;

⑥将后端盖与定子分离,如图 2-23 所示;

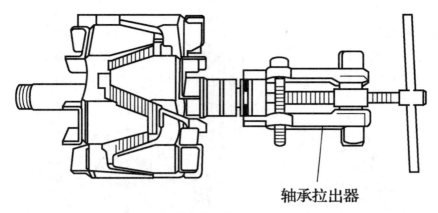

轴承拉出器

图 2-22　拆下轴承

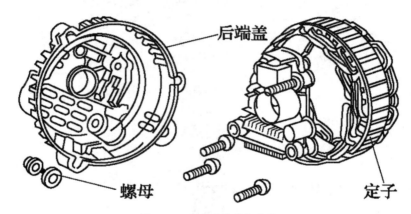

后端盖

螺母

定子

图 2-23　分离后端盖与定子

⑦ 拆下集成电路（IC）调节器，如图 2-24 所示；

⑧ 用电烙铁将整流器上的定子线圈焊点熔开，如图 2-25 所示，取下整流器；

⑨ 发电机分解后，如图 2-26 所示。

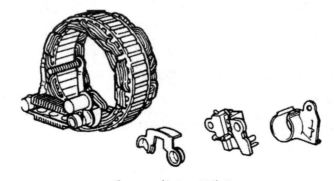

图 2-24　拆下 IC 调节器

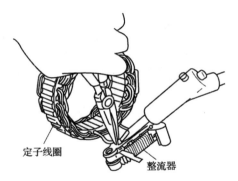

定子线圈

整流器

图 2-25　熔开整流器上的焊点

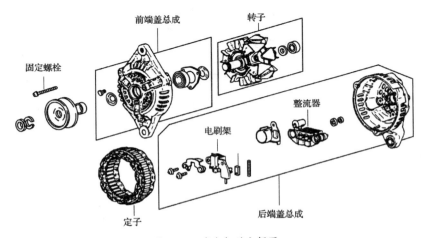

前端盖总成　　　转子

固定螺栓

整流器

电刷架

定子　　　　　后端盖总成

图 2-26　发电机的分解图

3）发电机的零部件检测

完成发电机拆解后，检测转子、定子的电阻值及绝缘电阻时，既可以使用指针式万用表，同时也可以使用数字万用表。对于绕组电阻的测量，为取得较准确的数值，建议使用数字万用表。

（1）检测转子

① 转子绕组（励磁绕组）短路与断路检测：用万用表 R×1 挡检测两集电环之间的电阻，应符合技术标准，如图 2-27（a）所示。若阻值为"∞"，说明转子绕组断路；若阻值过小，说明转子绕组短路。一般 12 V 发电机转子绕组的电阻值约为 3.5～6 Ω，24 V 的约为 15～21 Ω；

② 转子绕组搭铁故障的检测：检测转子绕组与铁芯（或转子轴）之间的绝缘情况。用万用表电阻最大挡检测两集电环与铁芯（或转子轴）之间的电阻，如图 2-27（b）所示，其阻值应为"∞"，否则说明有搭铁故障。

转子绕组测量

（a）转子绕组的测量

转子绕组绝缘状态检测

（b）转子绕组搭铁故障的检测

图 2-27　发电机转子绕组的检测

（2）检测定子

① 定子绕组短路与断路的检测：定子绕组的测量方法如图 2-29 所示。用数字万用表检测定子绕组的三个接线端，两两相测，测量三次。正常时阻值均小于 1 Ω且相等。断路时指针不动或阻值过大；短路时阻值过小（近似等于 0 Ω）；

图 2-29　定子绕组的测量

② 定子绕组搭铁故障的检测：检测定子绕组与定子铁芯间的绝缘情况。用数字万用表电阻最大挡检测定子绕组接线端与定子铁芯间的电阻，如图 2-30 所示。其阻值应为"∞"，否则说明有搭铁故障。

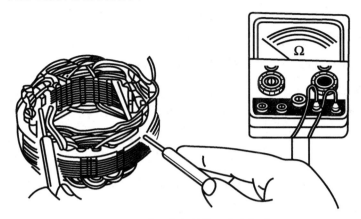

图 2-30　定子绕组搭铁故障的检测

（3）检测整流器二极管

检测二极管时，既可以使用指针式万用表，同时也可以使用数字万用表，这两种仪表对分离式二极管与整体式二极管的测量方法如图 2-31 所示。

检测单个二极管的好坏时，需要分解发电机，将每个二极管的中心引线从后端盖或整流板的接线柱上拆下或焊下，逐一检测。

数字万用表的红表笔是内部电池的正极，当使用其二极管挡位测量时，显示数值表示的是二极管的正向压降值，单位是 mV。

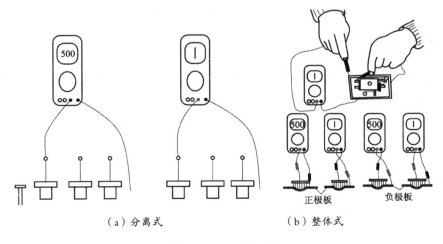

（a）分离式　　　　　（b）整体式

图 2-31　二极管的测量

当使用指针式万用表检测二极管时，二极管的阻值随万用表内部电压的高低、挡位的不同而变化，通常使用 R×1 或 R×10 挡测量正向电阻值，一般为几十欧；使用 R×1K 挡测量反向电阻值，一般为 10 kΩ 以上，因此，若正反向电阻值一大一小差异很大，说明二极管良好；若正反向电阻值均为"∞"，说明二极管断路；若正反向电阻值均为 0 Ω，说明二极管短路。当使用数字万用表测量时，质量良好的二极管正向压降一般为 500 ~ 700 mV，反向电阻值为几百千欧。

（4）检测电刷

电刷表面应无油污、无破损、无变形，且应在电刷架内活动自如；电刷的磨损不得超过原高度的 1/2；当电刷的外露长度小于 7 mm 时，应更换电刷或电刷弹簧。

（5）其他零部件的检测

检测发电机各接线柱的绝缘情况，若发现搭铁故障应拆检；检测轴承的轴向和径向间隙，均应不大于 0.20 mm，滚子、滚道应无斑点，轴承无转动异响；检查前后端盖、传动带轮等，均应无破损，绝缘垫应完好。

4）发电机的装复

首先向轴承中填充适量的润滑脂，再按拆解的反顺序装复。

① 将前端盖、风扇、半圆键和皮带轮依次装到转子轴上，并用螺母紧固；

② 将整流板、定子绕组依次装入后端盖；

③ 将两端盖装合在一起，并拧紧连接螺栓；

④ 拧紧后端盖轴承紧固螺母，装好轴承盖；

⑤ 装电刷组件；

⑥ 装复后，转动发动机皮带轮，转子应转动平顺，无摩擦及碰击声。

4.注意事项

（1）电烙铁停留在焊点上的时间不要超过 5 s，同时应使用尖嘴钳以帮助散热；

（2）铝合金端盖容易变形，因此拆卸时应均匀用力。

起动系统

起动系统是汽车电气系统的重要组成部分,主要由蓄电池、起动机及其控制电路组成。汽车在起动过程中,经常遇到起动机无法带动发动机工作、起动机出现故障等问题,本项目通过对起动机进行拆装与检修以及对起动系统进行检修两个工作任务,使学生熟悉起动系统的维修方法。

⌇ 项目要求

了解电力起动系统的组成。

了解起动机的组成与分类。

了解起动机主要部件的构造。

⌇ 预备知识

一、起动系统的组成

1.起动系统概述

发动机必须依靠外力带动曲轴旋转后,才能进入正常工作状态。起动系统的功能就是供给发动机曲轴足够的起动转矩,起动发动机进入自行运转状态。

根据发动机起动方式的不同,起动系统可分为人力起动式、辅助汽油机起动式和电力起动式三种。

(1)人力起动式

人力起动是用手摇柄直接摇动发动机曲轴上的起动爪或用绳拉动驱动带轮,使发动机的曲轴在外力的作用下旋转起来,起动发动机。这种起动方式是最简单的一种,现在汽车上仍有部分车型将人力手摇起动作为后备方式保留,但多数车型已取消这种方式。

（2）辅助汽油机起动式

辅助汽油机起动是在起动时,首先起动汽油机,然后以汽油机的输出动力带动重型车上的发动机转动,从而使发动机得以正常起动,这种方式只有在少数重型汽车上采用。

（3）电力起动式

电力起动是由直流电动机通过传动机构来起动发动机的,它具有操作简单、起动迅速可靠、重复起动能力强、可以实现远距离控制等优点,因此在现代汽车上广泛使用。电力起动机简称为起动机,均安装在汽车发动机飞轮壳的座孔上,用螺栓紧固。

2.电力起动系统的组成

电力起动系统简称起动系统,由蓄电池、起动机和起动控制电路组成。起动控制电路包括起动按钮或开关、起动继电器等。起动机在点火开关或起动按钮的控制下,将蓄电池的电能转换成机械能带动曲轴旋转。为增大扭矩,便于起动,起动机与曲轴的传动比为:汽油机一般为 13～17,柴油机一般为 8～10。电力起动系统的组成如图 3-1 所示。

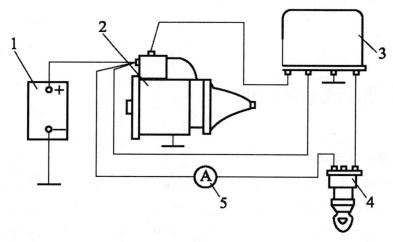

1—蓄电池; 2—起动机; 3—起动继电器; 4—点火开关; 5—电流表

图 3-1　电力起动系统的组成

二、起动机的组成与分类

1.起动机的组成与功能

常规起动机由直流串励式电动机（右下部分）、传动机构（左下部分的拨叉、起动机离合器等）和控制装置（也称电磁开关）三部分组成，如图3-2所示。

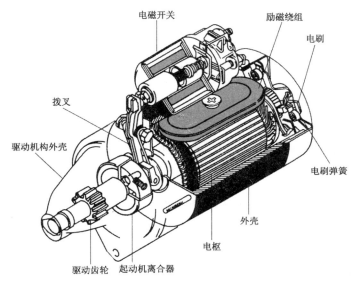

图 3-2　常规起动机的组成

2.起动机的分类

起动机的种类很多，但各种起动机的电动机部分一般没有太大差别，而控制方法和传动机构的啮入方式有很大差异，因此起动机可以按照控制方法和传动机构啮入方式的不同来分类。

1）按控制方法的不同分类

按照控制方法的不同，起动机可分为机械控制起动机和电磁控制起动机两种：

① 机械控制起动机：由脚踏或手拉杠杆联动机构直接控制起动机的主电路开关来接通或切断主电路。解放 CA10B 型、跃进 NJ130 型汽车均使用这种起动机。机械控制起动机虽然结构简单，工作可靠，但由于要求起动机和蓄电池靠近驾驶室，受到安装布局的限制，且操作不便，因此目前很少使用；

② 电磁控制起动机：借按钮或钥匙控制电磁铁，再由电磁铁控制主电路开关来

接通或切断主电路。电磁控制起动机由于装有电磁铁,可进行远距离控制,操作省力,因此现代汽车大都使用这种起动机。

2)按传动机构啮入方式的不同分类

按传动机构啮入方式的不同,起动机可分为惯性啮合式起动机、强制啮合式起动机、电枢移动式起动机和减速式起动机。

① 惯性啮合式起动机:起动机旋转时,驱动齿轮借惯性力自动啮入飞轮齿环。其特点是啮合结构简单、不能传递较大转动力矩(以下简称转矩)、可靠性差,目前已很少使用;

② 强制啮合式起动机:靠人力或电磁力拉动杠杆,强制拨动驱动齿轮啮入飞轮齿环。其特点是啮合机构简单、动作可靠、操作方便,目前广泛使用;

③ 电枢移动式起动机:靠磁极磁通的电磁力,使电枢轴向移动,将驱动齿轮啮入飞轮齿环。目前广泛应用于大功率柴油发动机上;

④ 减速式起动机:采用高速、小型、低力矩电动机,在传动机构中设有减速装置,其特点是质量和体积比普通起动机可减小 30% ~ 35%,但结构和工艺比较复杂。

三、起动机主要部件的构造

1.直流串励式电动机

1)直流串励式电动机的构造

直流串励式电动机的作用是产生起动力矩。一般起动机均采用直流串励式电动机。"串励"是指电枢绕组与励磁绕组串联。直流串励式电动机主要由机壳、磁极、电枢、电刷及电刷架等组成,如图 3-3 所示。

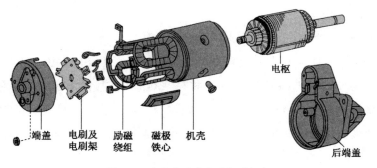

端盖　电刷及电刷架　励磁绕组　磁极铁心　机壳　电枢　后端盖

图 3-3　直流串励式电动机的组成

（1）机壳

机壳的作用是安装磁极，固定机件。机壳用钢管制成，一端开有窗口，用于观察与维护电刷和换向器，平时用防尘箍盖住。机壳上只有一个电流输入接线柱并在内部与励磁绕组的一端相接，壳内壁固定有磁极铁芯和励磁绕组，如图3-4所示。

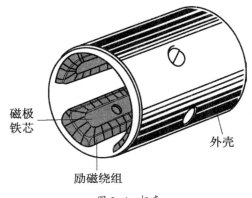

图3-4　机壳

（2）磁极

磁极的作用是产生电枢转动时所需要的磁场，它由固定在机壳上的磁极铁芯和励磁绕组组成，一般为四个，两对磁极相对交错安装在电动机定子内壳上。四个励磁绕组可互相串联后再与电枢绕组串联，同时也可两两串联后并联再与电枢绕组串联，如图3-5所示。

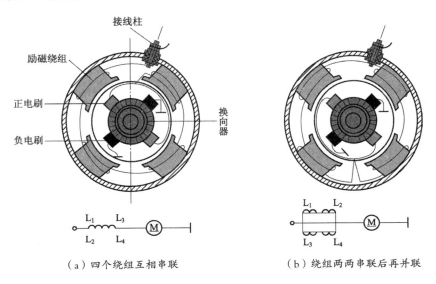

（a）四个绕组互相串联　　　　　　　　（b）绕组两两串联后再并联

图3-5　励磁绕组的接法

（3）电枢

电枢的作用是产生电磁转矩，它主要由电枢轴、铁芯、绕组和换向器等组成。

电枢总成如图 3-6 所示，电枢铁芯是由许多相互绝缘的硅钢片叠装而成的，其圆周表面上有槽，用来安放电枢绕组；电枢绕组用矩形截面的裸铜条绕制，绕线型电动机的电枢绕组多采用波绕法；换向器装在电枢轴上，它由许多换向片组成，换向片嵌装在轴套上，各换向片之间均用云母绝缘。

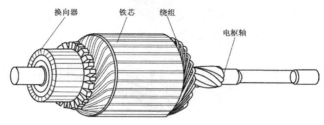

图 3-6　电枢总成

（4）电刷及电刷架

电刷及电刷架的作用是将电流引入电动机。电动机一般有四个电刷及电刷架，如图 3-7（a）所示。电刷架固定在前端盖上，其中两个对置的电刷架与端盖绝缘，称为绝缘电刷架；另外两个对置的电刷架与端盖直接铆合而搭铁，称为搭铁电刷架。

电刷由铜粉与石墨粉压制而成，加入铜粉是为了减少电阻并增加耐磨性。电刷装在电刷架中，借弹簧压力将它紧压在换向器铜片上（电刷弹簧的压力一般为 12 ~ 15 N），如图 3-7（b）所示。

（5）端盖

端盖有前、后之分，前端盖一般由钢板压制而成，其上装有四个电刷架，后端盖由灰铸铁浇铸而成，它们分别装在机壳的两端，靠两根长螺栓与起动机机壳紧固在一起。两端盖内均装有青铜石墨轴承套或铁基含油轴承套，用来支撑电枢轴。

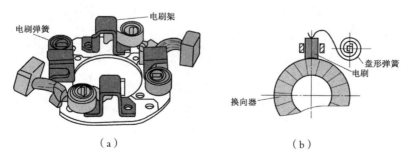

（a）　　　　　　　　　　（b）

图 3-7　电刷及电刷架的组合

2）直流串励式电动机的工作原理

直流串励式电动机的基本工作原理是通电的导体在磁场中会受电磁力作用，电磁力的方向遵循左手定则。

如图 3-8 所示，当线圈在垂直位置时，电刷不与换向器接触，线圈中没有电流通过，因此电枢线圈不转动。当将电枢线圈稍向顺时针方向转过一些时，换向片分别与两电刷接触，电刷接在蓄电池的正负两极上，使线圈中有电流通过，其方向是从线圈Ⅰ边流入，从Ⅱ边流出。根据左手定则可以判定，线圈Ⅰ边向下运动，Ⅱ边向上运动，电枢线圈向顺时针方向转动。

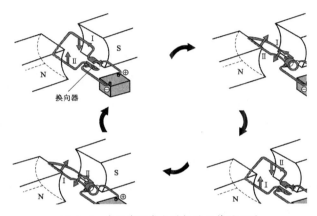

图 3-8 直流串励式电动机的工作原理图

当线圈转到垂直位置时，换向片不与电刷接触，线圈中无电流通过，此时，电枢线圈在惯性作用下转过这个位置。当线圈转过垂直位置时，换向片又与两电刷接触，但此时换向片已经调换了位置。因此电流从线圈Ⅱ边流入，从Ⅰ边流出。根据左手定则可以判定，线圈Ⅰ边向上运动，Ⅱ边向下运动，电枢线圈仍向顺时针方向转动，这样，只要使电流不断地通入线圈，线圈便按一定方向继续不停地转动。

只有一个线圈的电动机虽能旋转，但转矩小，转速也不稳定，而且在某位置时转矩消失，所以，为了增大它的输出力矩并使之运转均匀，实际使用的起动电动机都是由较多的线圈（称为绕组，配有相应换向片）构成，同时采用多对电磁铁来产生较强的磁场，但其工作原理并未改变。

2.起动机的传动机构

传动机构又称啮合机构，普通起动机的传动机构由驱动齿轮、单向离合器、拨叉、啮合弹簧等组成，减速起动机的传动机构还包括减速装置。图 3-9 所示为行星齿轮式减速起动机的结构。

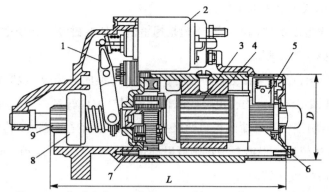

1—拨叉；2—电磁开关；3—电枢；4—磁极；5—电刷；6—换向器；
7—行星齿轮减速装置；8—单向离合器；9—驱动齿轮

图3-9　行星齿轮式减速起动机的结构

当发动机起动时,由起动开关控制的拨叉使驱动齿轮与飞轮齿环啮合,电枢产生的电磁力矩经传动套筒、行星齿轮减速装置、单向离合器、驱动齿轮传递给发动机飞轮;当发动机起动后,单向离合器可自动打滑,防止了发动机飞轮带动发动机电枢高速旋转而造成飞散事故的危险。

3.起动机的控制装置

起动机控制装置的作用是控制驱动齿轮和飞轮的啮合与分离,并且控制电动机电路的接通与切断,常用的控制装置有机械式和电磁式两种,现代汽车上多使用电磁式控制装置。

电磁式控制装置在起动机上称为电磁开关,图3-10所示为其结构图。电磁开关主要由拉动线圈、保持线圈、回位弹簧、活动铁芯、接触片等组成。

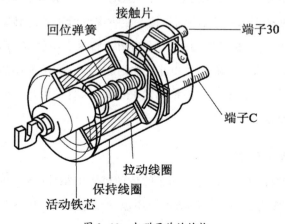

图3-10　电磁开关的结构

电磁开关壳体的前部，装有电动机开关的端子 C 和端子 30 以及磁力线圈的端子 50（图中未画出），活动触盘装在触杆上，与触杆上的机件绝缘。起动机不工作时，在回位弹簧的作用下，活动铁芯与接触片保持分开状态。线圈的作用是用电磁力来操纵啮合器和电动机开关工作。线圈由导线粗、匝数少的拉动线圈和导线细、匝数多的保持线圈组成。拉动线圈的两端分别接在端子 C 和端子 50 上。保持线圈的两端分别接在端子 50 和搭铁上。端子 C 接点火开关，通过点火开关接电源，端子 30 直接接电源。

起动机控制装置的基本电路如图 3-11 所示。

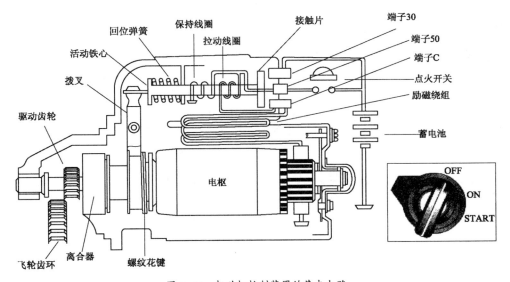

图 3-11　起动机控制装置的基本电路

🎣 **任务实施**

一、拆装与检修起动机

1.任务目标

（1）掌握起动机的拆装方法。

（2）掌握起动机的结构特点。

（3）理解起动机的工作原理。

（4）掌握起动机的解体检测和维修方法。

2.任务器材

起动机若干台,万用表若干块,电流表与电压表各若干块,转速表一块,短路检测器一台,百分表(或千分表)一块,游标卡尺一把,弹簧秤一台,试灯若干个,常用工具若干套。

3.实施步骤

1)起动机的拆卸和清洗

拆卸起动机前应清洁其外部油污和灰尘,然后按下列步骤进行拆卸:

① 旋出防尘盖固定螺钉,去下防尘盖,用专用钢丝钩取出电刷;拆下电枢轴上止推圈处的卡簧,如图 3-12 所示;

② 用扳手旋出两个紧固长螺栓,取下前端盖,抽出电枢,如图 3-13 所示;

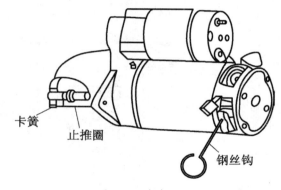

图 3-12 拆卸电刷

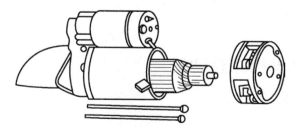

图 3-13 拆卸前端盖和电枢

③ 拆下电磁开关主接线柱与电动机接线柱间的导电片;旋出后端盖上的紧固螺钉,使电磁开关后端盖与中间壳体分离,如图 3-14 所示;

④ 从后端盖上旋下中间轴承支撑板紧固螺钉,取下中间支撑板,旋出拨叉轴销螺钉,抽出拨叉,取出离合器,如图 3-15 所示;

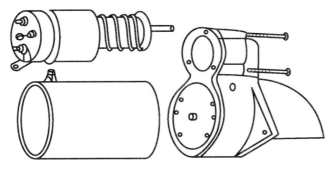

图 3-14 拆卸电磁开关

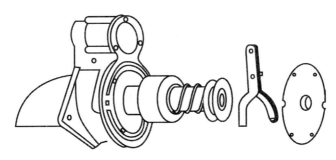

图 3-15 拆卸离合器

⑤ 将已解体的机械部分浸入清洗液中清洗,电气部分用棉纱蘸少量汽油擦拭干净。必要时,可分解电磁开关,其步骤是:

Ⅰ 拆下电磁开关前端固定螺钉,取下前端盖。

Ⅱ 取下独盘锁片、触盘、弹簧,抽出引铁。

Ⅲ 取下固定铁芯卡簧及固定铁芯,抽出铜套及拉动和保持线圈。

2)起动机的装复

不同形式起动机的具体装复步骤不可能完全相同,但基本原则一致,即按与分解时相反的步骤进行。

装复的一般步骤是:先将离合器和拨叉装入后端盖内,再装中间轴承支撑板,将电枢轴装入后端盖内,装上电动机外壳和前端盖,并用长螺栓结合紧,然后装电刷和防尘罩,装起动机开关可早可晚。

3)起动机的解体检测

(1)转子总成的检测

① 电枢绕组断路故障的检测

电枢绕组断路故障一般发生于电枢绕组线头与换向器连接处。可能由于长时间大电流运转，或定子与转子发生相互摩擦，从而使温度急剧升高导致断路，特别是采用锡焊工艺的电枢，其焊接处易出现抛锡现象而导致断路。

图 3-16 所示为电枢绕组断路故障的检测。首先目测电枢绕组的导线是否甩出或脱焊，然后用试灯检测，如图 3-16（a）所示。用两触针依次与两相邻换向器铜片接触，或其中一触针不动，另一触针依次下移与相邻的换向片接触（换向器上的电枢绕组线头应相通）。若试灯均亮，说明无断路现象；若试灯不亮或暗淡，说明有断路现象。

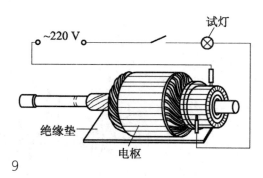

（a）用试灯检测电枢绕组是否断路

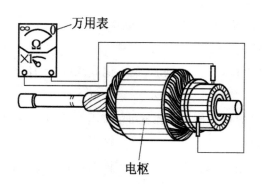

（b）用万用表检测电枢绕组是否断路

图 3-16　电枢绕组断路故障的检测

电枢绕组的断路故障也可用万用表检测，将万用表拨至 R×1 挡，然后用两触针依次与两相邻换向器铜片接触，如图 3-16（b）所示。若所测电阻值均接近零，则说明无断路现象；若所测电阻值为"∞"，说明有断路现象。

② 电枢绕组短路故障的检测

电枢绕组短路故障的检测如图 3-17 所示。把电枢放在电枢短路检测器上，接通 220V/50 Hz 的交流电源，该交流电源将在 V 型铁芯内产生很强的感应磁场，而该磁场将使闭合导体产生交变感生电流与磁通。当拿一薄钢片平行地接触电枢铁芯上方的线槽时，钢片位置不动，慢慢地转动电枢一圈或几圈，若出现薄钢片振动、吸向铁芯、发出蜂鸣声等现象，则说明电枢绕组有短路。

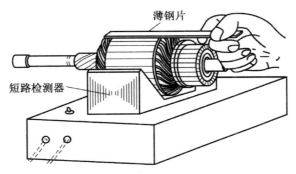

图 3-17　电枢绕组短路故障的检测

③ 电枢绕组搭铁故障的检测

电枢绕组搭铁故障的检测如图 3-18 所示，其中，图 3-18（a）所示为用 220 V 试灯检测电枢的对地绝缘情况，将试灯的一触针与换向器铜片接触，另一触针与铁芯接触，若试灯不亮，说明电枢绕组对地绝缘良好；若试灯亮或灯光暗淡，说明电枢绕组有搭铁故障。

图 3-18（b）所示为用万用表检测电枢的对地绝缘情况，将万用表拨至 R×10K 挡，然后将一触针与换向器铜片接触，另一触针与铁芯接触，若所测电阻值为"∞"，说明电枢绕组对地绝缘良好；若所测电阻值很小或接近于零，说明电枢绕组有搭铁故障。

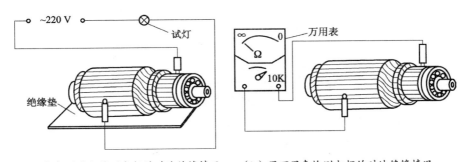

（a）用试灯检测电枢的对地绝缘情况　　（b）用万用表检测电枢的对地绝缘情况

图 3-18　电枢绕组搭铁故障的检测

（2）换向器的检测

① 换向器径向跳动的检测

图 3-19 所示为换向器径向跳动的检测。检测前先目测换向器外圆表面，应光滑、平整、无污垢、无轻微烧伤，否则应用双零号细砂纸打光；然后将 V 形铁放在平板上，将电枢支撑在 V 形铁上，用百分表（或千分表）检测换向器的径向跳动，其径向跳动应小于 0.05 mm。如果不能满足上述技术要求，可将电枢上车床精车（精光）换向器外圆，但车削其外圆后，换向器铜片径向厚度不得小于 2 mm。

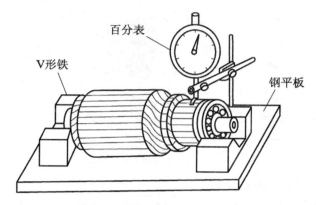

图 3-19　换向器径向跳动的检测

② 换向器外圆尺寸的检测

换向器的外圆尺寸可用刻度值为 0.02 mm 的游标卡尺进行检测，如图 3-20 所示。当换向器测得的外圆尺寸小于极限尺寸时应更换电枢。一般起动机换向器外圆尺寸的技术数据在汽车产品与起动机使用说明书中均可找到。

游标卡尺是较精密的量具，用游标尺测量换向器的外圆尺寸前，应擦净两卡脚的测量面，合拢两卡脚，检查游标零线与主尺零线是否对齐；测量换向器的外圆尺寸时，应轻而平稳，不得使卡脚测量面或刀口与工件发生磕碰现象。

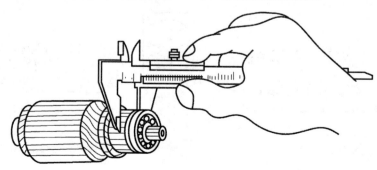

图 3-20　换向器外圆尺寸的检测

（3）定子总成的检测

① 励磁绕组断路故障的检测

励磁绕组断路故障的原因与电枢绕组断路故障的原因相同，其检测方法与电枢绕组断路故障的检测方法类似，同时也包括试灯检测和万用表检测两种，如图 3-21 所示。

试灯检测方法如图 3-21（a）所示，首先目测励磁绕组的线头是否脱焊，然后用试灯进行检测，将两触针依次与励磁绕组的线头接触。若试灯均亮，说明无断路现象；若试灯不亮或灯光暗淡，说明有断路现象。

万用表检测方法如图 3-21（b）所示，首先将万用表拨至 R×1 挡，然后用两触针依次与励磁绕组的线头接触。若所测电阻值均近似为零，说明无断路现象；若电阻值为"∞"，说明有断路现象。

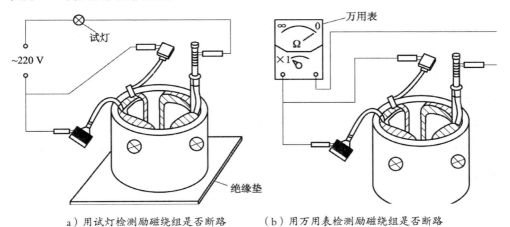

a）用试灯检测励磁绕组是否断路　　（b）用万用表检测励磁绕组是否断路

图 3-19　换向器径向跳动的检测

② 励磁绕组短路故障的检测

励磁绕组短路故障的检测如图 3-22 所示。蓄电池（6 V）的正极接起动机的接线柱，负极接电刷（或连接电刷的励磁绕组线头），将旋具放在每个磁极上，按下按钮（要注意，每次通电时间一般为 5 s，以免励磁绕组过热而烧损），检测磁极对旋具的吸力。各磁极的吸力应相同，若某磁极吸力弱，说明该励磁绕组有短路故障。

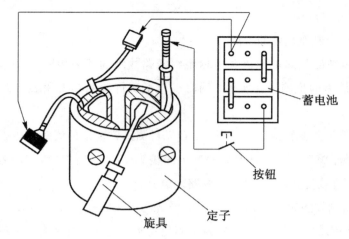

图 3-22 励磁绕组短路故障的检测

③ 励磁绕组搭铁故障的检测

如图 3-23 所示,励磁绕组搭铁故障的检测方法与电枢绕组搭铁故障类似,同样包括试灯检测和万用表检测两种:

试灯检测方法如图 3-23(a)所示,用 220 V 的试灯检测定子励磁绕组搭铁故障,将试灯的一触针与外壳接触,另一触针与电刷接触。若试灯不亮,说明励磁绕组对地绝缘良好,无搭铁故障;若试灯亮或灯光暗淡,说明励磁绕组有搭铁故障。

万用表检测方法如图 3-23(b)所示,首先将万用表拨至 R×10K 挡,然后将一触针与外壳接触,另一触针与电刷接触。若所测电阻值为“∞”,说明励磁绕组对地绝缘良好,无搭铁故障;若所测电阻值很小或近似为零,说明励磁绕组有搭铁故障。

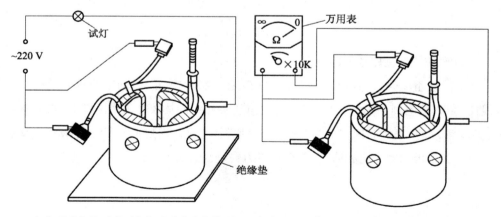

(a)用试灯检测励磁绕组的对地绝缘情况   (b)用万用表检测励磁绕组的对地绝缘情况

图 3-23 励磁绕组搭铁故障的检测

（4）电刷总成的检测

① 电刷高度的检测 电刷磨损后的高度不应小于电刷原高度的一半，一般不小于 10 mm；电刷应在架内活动自如、无卡滞；电刷与换向器的接触面应不低于 80%。

② 电刷架的检测

用万用表的电阻挡检测两绝缘电刷架与电刷架座盖，其阻值应为无穷大，否则说明绝缘体损坏；用相同的方法检测两搭铁电刷架与电刷架座盖，其阻值应为零，否则说明电刷架松动，搭铁不良。电刷架的绝缘检测如图 3-24 所示。

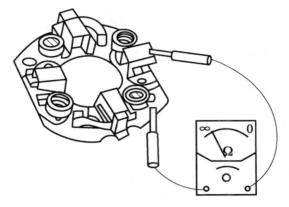

图 3-24　电刷架的绝缘检测

③ 电刷弹簧的检测

用弹簧秤检测弹簧弹力的方法如图 3-25 所示，弹簧的弹力应在 11.76 ~ 14.7 N 之间，若过小则应更换。

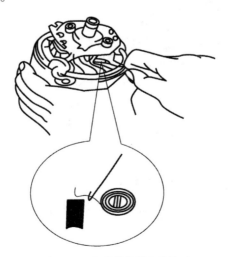

图 3-25　电刷弹簧弹力的检测

（5）单向离合器的检测

若按顺时针方向转动驱动齿轮，驱动齿轮应转动自由；若按逆时针方向转动，驱动齿轮应该被锁住，如图3-26所示。

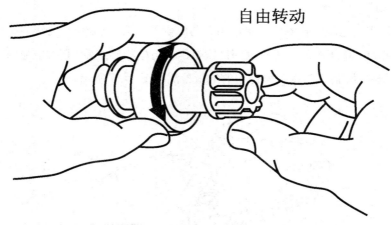

自由转动

图3-26　单向离合器的检测

（6）电磁开关的检测（用万用表的低电阻挡测量）

① 将万用表的两表针分别接于端子50和电磁开关外壳，若显示有电阻值，说明保持线圈良好；若显示电阻值为零，说明保持线圈短路；若显示电阻值为"∞"，说明保持线圈断路，如图3-27所示；

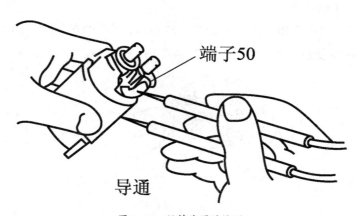

端子50

导通

图3-27　保持线圈的检测

② 将万用表的两表针分别接于端子50和端子C，若显示有电阻值，说明拉动线圈良好；若显示电阻值为零，说明拉动线圈短路；若显示电阻值为"∞"，说明拉动线圈断路，如图3-28所示；

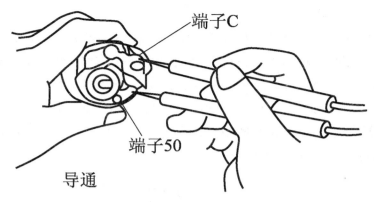

图 3-28 拉动线圈的检测

③ 用手将接触盘铁芯压住,将电磁开关上的端子 30 与端子 C 连通,测量出的两端子间的电阻值应为零,否则说明接触不良。

4）起动机的试验

起动机装复后,在装车前应进行试验,确定起动机的性能是否达到标准。

（1）空载试验

空载试验是通过测量空载转速和空载电流来判断起动机有无故障,如图 3-29 所示。起动机应运转均匀、电刷无火花,其电流表、电压表和转速表上的读数应符合规定值。

如果电流大于标准值而转速低于标准值,则可能由于起动机装配过紧,电枢绕组、励磁绕组有匝间短路或搭铁故障;如果电流和转速都低于标准值,则可能由于起动机内部电路有接触不良之处。

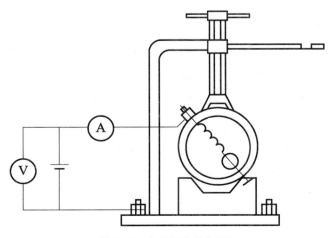

图 3-29 起动机的空载试验

（2）全制动试验

全制动试验是通过测量全制动时的电流和转矩来判断起动机有无故障，如图3-30所示。试验时，将起动机装夹在试验台上，并按图连接好电路，准备好相应器材。通电后，迅速记下电流表、弹簧秤和电压表的读数。起动机的全制动电流和全制动转矩应符合标准值。如果电流大而转矩小，说明励磁绕组或电枢绕组有短路或搭铁故障；如果转矩和电流都小，说明起动机内部有接触不良之处；如果试验过程中电枢轴缓慢转动，说明单向离合器打滑。

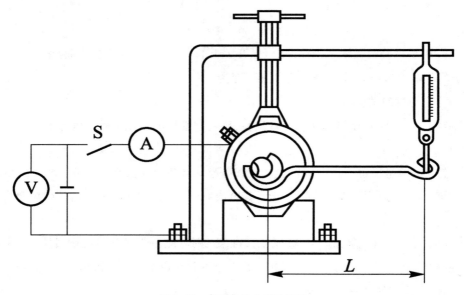

图 3-30　起动机的全制动试验

4.注意事项

（1）在车上进行起动检测之前，一定要将变速器挂上空挡，并实施驻车制动；

（2）在拆卸起动机之前，应先拆下蓄电池的搭铁电缆线；

（3）有些起动机在起动机与法兰盘之间使用了多块薄垫片，在装配时应按原样装回；

（4）每次空载试验不应超过 1 min，以免起动机过热；

（5）全制动试验动作要迅速，一次试验的时间不要超过 5 s，以免烧坏电动机或降低蓄电池的使用寿命。

二、检修起动系统

1.任务目标

（1）能够准确良好地完成蓄电池有负荷时对端部电压、起动电路、起动开关等的检测。

（2）能够根据检测结果分析起动系统的故障原因。

2.任务器材

万用表一块，电压表一块，欧姆表一块，电流表一块，常用维修工具一套。

3.实施步骤

① 如图 3-31 所示，装上起动机处的正、负极蓄电池线及 ST 端子。若设有抑制开关，开关处的端子也接上。接上点火开关的 B 端子或 ST 端子，检查电路。

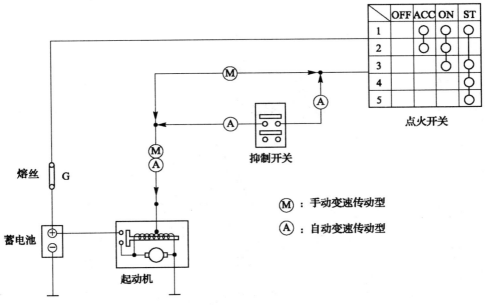

图 3-31 起动机的线路

② 如图 3-32 所示，在蓄电池接头处接上量程为 0 ~ 20 V 的电压表。

③ 检测有负荷时蓄电池的接头电压。拆开点火线圈的正极端子，起动发动机，观察电压表读数。有负荷时蓄电池的接头电压应在 10.5 V 以上，若电压低于 10.5 V，

应检查以下几项：

    A. 蓄电池的柱头是否清洁；

    B. 蓄电池的容量是否充足；

    C. 蓄电池的线间电压是否过大；

    D. 起动机是否损坏。

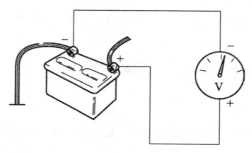

图 3-32　电压表接在蓄电池的正、负极上

④ 检测有负荷时电磁开关端子 M（端子 50）的电压。如图 3-33 所示，电压表红色夹接在电磁开关端子 M 上，黑色夹接在起动机的外壳上。拆开点火线圈的正极端子，起动机起动时观察电压表读数。

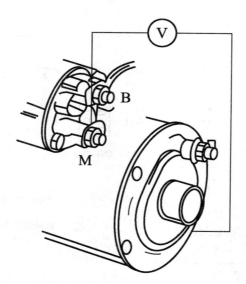

图 3-33　电压表接在端子与搭铁间

有负荷时电磁开关端子 M 的电压应在 10.0 V 以上。若电压低于 10.0 V，需检查蓄电池到 M 端子间线路及接头的状况。

⑤ 检测蓄电池到起动机间线路的电压降。如图 3-34、图 3-35 所示，将电压表的红色夹接在蓄电池的"＋"柱头上，黑色夹接在起动机的端子 M 上。拆开点火线圈的

正、负极端子。起动电动机时压下"2 V 切换按钮",观察电压表读数。

　　蓄电池到起动机间线路的电压降应在 0.5 V 以下。若电压降高于 0.5 V,说明线路中有高电阻,应继续下述步骤(6)进行检测;若电压降符合规定,则按照步骤(7)进行检测。

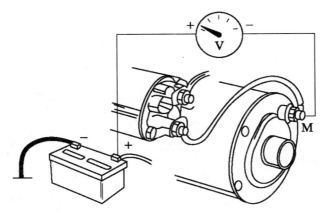

图 3-34　电压表接在蓄电池正极与起动机端子间(一)

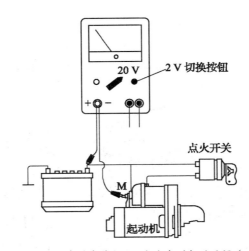

图 3-35　电压表接在蓄电池正极与起动机端子间(二)

　　⑥ 检测电磁开关端子 B(端子 30)与端子 M 间的电压。如图 3-36 所示,将电压表红色夹接在电磁开关端子 B 上,黑色夹接在电磁开关端子 M 上。拆开点火线圈的"+"端子。起动电动机时压下"2 V 切换按钮",观察电压表读数。

　　电磁开关端子 B 与端子 M 间的电压应在 0.4 V 以下。若电压高于 0.5 V,说明电磁开关内部接触不良或接头松动。

　　⑦ 检测有负荷时搭铁回路的电压。如图 3-37 所示，电压表红色夹接在起动电动机外壳上，黑色夹接在蓄电池"—"柱头上。拆开点火线圈的"＋"端子，起动起动机时压下"2 V 切换按钮"，观察电压表读数。

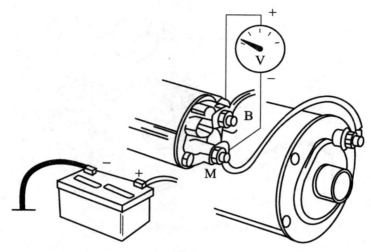

图 3-36　电压表接在电磁开关端子 B 与端子 M 之间

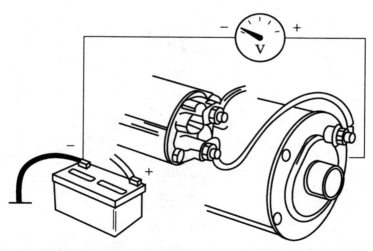

图 3-37　电压表接在起动机外壳与蓄电池负极之间

　　有负荷时搭铁回路的电压应在 0.4 V 以下。若电压高于 0.4 V，说明搭铁回路有高电阻。

　　⑧ 检测电磁开关的拉动线圈。如图 3-38 所示，将欧姆表的一表笔接 ST 端子；

另一表笔接 M 端子。若导通,说明拉动线圈良好。

⑨ 检测电磁开关的保持线圈。如图 3-39 所示,将欧姆表的一表笔接 ST 端子;另一表笔搭铁。若导通,说明保持线圈良好。

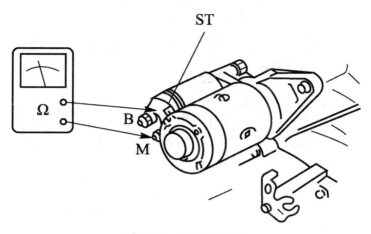

图 3-38　检测拉动线圈

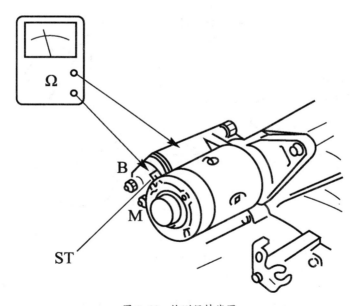

图 3-39　检测保持线圈

⑩ 检查驱动齿轮的退回情况。如图 3-40 所示,拆开起动机外壳的搭铁线,若驱动齿轮未立刻退回,应检查复位弹簧及柱塞等。

无负荷试验。将起动机固定在台虎钳上将电流表接在蓄电池的"＋"极与起动机电磁开关端子 B 之间,并接上电压表及点火开关等,如图 3-41 所示。接通点火开关,检查电流量。

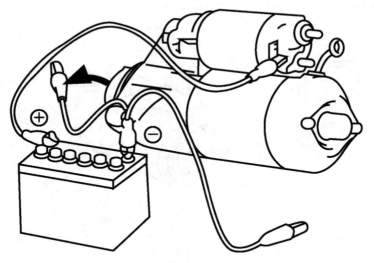

图 3-40 检查驱动小齿轮的退回

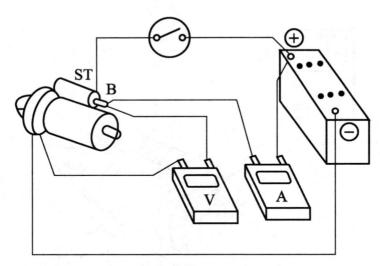

图 3-41 无负荷试验的接线方法

无负荷试验时电流量应低于 50 A(电压为 11 V 时)。不同形式起动机的电流量也不相同,测试前应该查阅修护手册。某些起动机的工作电流相当大,必须选用适当容量的电流表,无负荷试验时的故障现象和可能原因见表 3-1。

试验完成,将电压表开关转至"OFF"位置,擦拭干净,将导线收拾妥当。

表 3-1 无负荷试验时的故障现象和可能原因

故障现象	可能原因
起动机转速慢,电流量大	轴承磨损或阻力大
	电枢轴弯曲
	电枢绕组搭铁
	电枢绕组短路
	励磁绕组短路
起动机转速慢,电流量小	换向器脏污
	电磁开关接点烧蚀
	接头松动
起动机不转,电流量小	轴承咬死
	正极电刷搭铁
	励磁绕组搭铁
起动机不转,电流量大	电磁开关接点烧蚀或未接合
	换向器烧蚀
	电刷磨损或电刷弹簧断裂

4.注意事项

（1）各厂牌汽车起动系统的规格可能有些区别,例如,有些厂牌规定有负荷时蓄电池的接头电压在 9.6 V 以上,有些厂牌规定有负荷时电磁开关 M 端子电压在 8.0 V 以上,因此检修时需要查阅汽车的修护手册;

（2）任务完成后,注意把器材整理妥当,保持工作区清洁。

项目四　点火系统

☲ 项目导读

点火系统的功能是将汽油发动机工作时吸入气缸的可燃混合气,在压缩行程终了时,及时地用电火花点燃,并满足可燃混合气充分燃烧及发动机工作稳定的性能要求,使汽油发动机顺利地实现从热能到机械能的转变,是汽车电气系统的重要组成部分。本项目通过对点火系统的主要零部件进行检修、更换点火线圈和对桑塔纳轿车点火系统进行检修三个工作任务,使学生熟悉点火系统的维修方法。

☲ 项目要求

了解传统点火系统的组成。

了解电子点火系统的组成。

掌握磁感应式、霍尔式、光电子式电子点火系统的工作原理。

了解微机控制的点火系统的组成和分类,掌握其工作原理。

☲ 预备知识

一、传统点火系统

1.传统点火系统的组成

传统点火系统俗称蓄电池点火系统,由于其点火线圈初级绕组的通断采用触点控制,而触点的开闭又通过凸轮控制,所以传统点火系统存在故障率高、寿命短、点火能量低、对火花塞的污染敏感和对点火正时的调节性差等固有缺陷,不能适应现代汽车的发展需要,因而传统点火系统现已被淘汰,但考虑到点火系统的发展及特点,学习传统点火系统对后续内容的学习是很有帮助的。

如图 4-1 所示,传统点火系统主要由电源(蓄电池)、点火开关、点火线圈、断电器、配电器、电容器、火花塞、高压导线、附加电阻等组成。

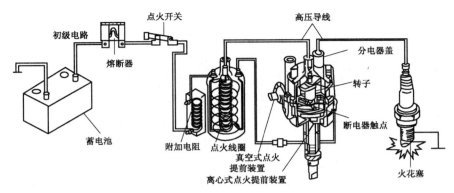

图 4-1　传统点火系统的组成

1）电源

电源用来提供点火系统工作时所需的能量,由蓄电池和发电机构成,其标称电压一般为 12 V。

2）点火开关与点火线圈

点火开关用来控制仪表电路、点火系统初级电路以及起动机继电器电路的开闭。点火线圈相当于自耦变压器,用来将电源供给的低压直流电转变为高压直流电,包括开磁路和闭磁路两种形式。

（1）开磁路点火线圈

开磁路点火线圈的外形如图 4-2 所示,它主要由初级绕组、次级绕组、铁芯、低压接线柱、高压输出端子、绝缘填充材料及外壳等组成。根据低压接线柱数目的不同,开磁路点火线圈可分为二接线柱点火线圈和三接线柱点火线圈,其内部结构如图4-3 所示。

（a）二接线柱　　　　（b）三接线柱

图 4-2　开磁路点火线圈

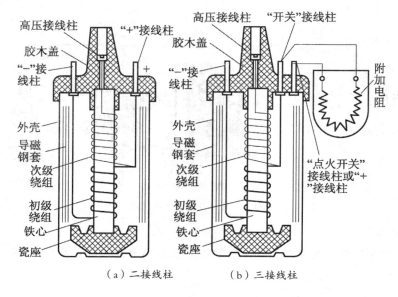

图 4-3   开磁路点火线圈的内部结构

（2）闭磁路点火线圈

闭磁路点火线圈的外形如图 4-4 所示，结构和原理如图 4-5 所示。闭磁路点火线圈的铁芯有"口"字形和"日"字形两种形式，与开磁路点火线圈不同的是它的铁芯内绕有初级绕组，而次级绕组绕在初级绕组外面。绕组在铁芯中产生磁通，通过铁芯形成闭合磁路，故称为闭磁路点火线圈。

图 4-4   闭磁路点火线圈

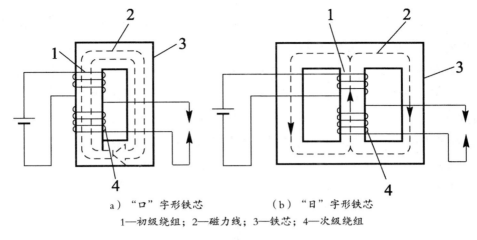

a）"口"字形铁芯　　　　（b）"日"字形铁芯

1—初级绕组；2—磁力线；3—铁芯；4—次级绕组

图 4-5　闭磁路点火线圈的结构和原理

3）分电器

分电器由断电器、配电器、电容器和点火提前装置等组成，它用来在发动机工作时接通与切断点火系统的初级电路，使点火线圈的次级绕组中产生高压电，并按发动机要求的点火时刻与点火顺序，将点火线圈产生的高压电分配到相应气缸的火花塞上。

（1）断电器

断电器主要由断电器触点、断电器凸轮、断电器活动触点臂等组成。断电器凸轮由发动机凸轮轴驱动，并以同样的转速旋转，即发动机曲轴每转两周，断电器凸轮转一周。

（2）配电器

配电器由分电器盖和分火头组成，用来将点火线圈产生的高压电分配到各缸的火花塞。

（3）电容器

电容器安装在分电器壳上，与断电器触点并联，用来减小断电器触点断开瞬间，在触点处所产生的电火花，以免触点烧蚀，可以延长触点的使用寿命。

（4）点火提前装置

点火提前装置用来在发动机工作时随发动机工况的变化自动调整点火提前角，包括真空式和离心式两种。

4）火花塞

火花塞由中心电极、侧电极等组成，安装在发动机的燃烧室中，用来将点火线圈产生的高压电引入燃烧室,点燃燃烧室内的可燃混合气。

火花塞的结构如图4-6所示。在钢制壳体的内部固定高氧化铝陶瓷绝缘体,在绝缘体中心孔的上部装有金属杆。金属杆的上端装有接线螺母,用来接高压导线,下部装有中心电极。金属杆与中心电极之间用导电玻璃密封,铜制内垫圈起密封和导热作用。壳体上部有便于拆装的六角平面,下端焊接有弯曲侧电极,与中心电极相对。

中心电极一般由镍锰合金钢制成,为提高火花塞的使用寿命与耐化学腐蚀性能,目前多采用镍锰硅铬合金作为电极材料。火花塞电极间隙一般为0.6 ~ 0.7 mm,电子点火系统火花塞的电极间隙可增至1.0 ~ 1.2 mm。

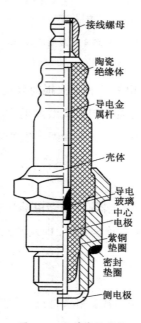

图4-6　火花塞的结构

5)高压导线

高压导线用来将点火线圈产生的高压电引入火花塞。

6)附加电阻

附加电阻串联在点火系统的初级电路中,用来改善点火特性。

2.传统点火系统的工作原理

传统点火系统的工作原理如图4-7所示。

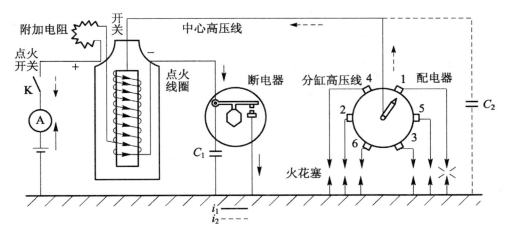

图 4-7　传统点火系统的工作原理

发动机工作时，发动机的凸轮轴以 1∶1 的传动比驱动分电器轴转动，使得断电器触点交替闭合和断开。断电器触点闭合时，初级电路被接通，把电能转化为磁场能储存在点火线圈的初级绕组中。断电器触点断开的瞬间，点火线圈初级绕组中储存的能量，在互感的作用下，在次级绕组中产生 15 ~ 20 kV 的高压电。高压电通过中心高压导线传递给配电器，配电器根据各缸的工作次序，通过分缸高压导线依次分配给各缸火花塞，火花塞将高压电引入气缸燃烧室，火花塞间隙被击穿，放电产生电火花，点燃混合气。

二、电子点火系统

1.概述

1）电子点火系统的组成

电子点火系统包括有触点的电子点火系统和无触点的电子点火系统两大类，它们的基本组成相同，如图 4-8 所示，包括电源（蓄电池和发电机）、点火线圈、点火器、配电器、点火信号发生器、火花塞等主要部件，其中点火信号发生器和配电器均安装在分电器中。

按点火信号产生方式的不同，电子点火系统可分为磁感应式（磁脉冲式）点火系统、光电式点火系统和霍尔效应式点火系统。

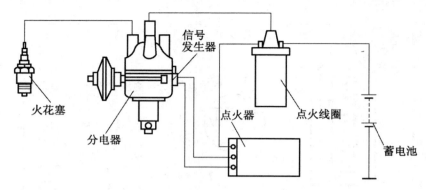

图 4-8 电子点火系统的组成

2）电子点火系统的工作原理

无论是有触点还是无触点的电子点火系统，都是利用晶体三极管作为开关来接通或断开点火系统的初级电路的，下面以无触点的电子点火系统为例简要说明电子点火系统的工作原理。

在无触点的电子点火系统中，由信号发生器产生触发或控制点火的信号，经过点火器内部的放大等电路，利用大功率三极管的开关作用，最后控制三极管的导通与截止，来控制点火线圈初级电流的通断。当初级电流被切断时，次级绕组中产生高压电，通过配电器送达各缸的火花塞上，点燃可燃混合气，其工作原理如图 4-9 所示。

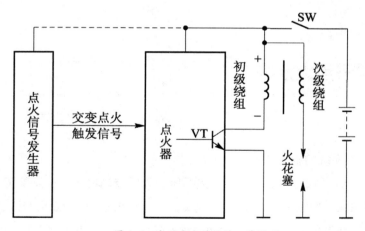

图 4-9 电子点火系统的工作原理

2.磁感应式电子点火系统

图 4-10 是汽车常用的磁感应式无触点电子点火装置，它由点火信号发生器、电子点火器、分电器、点火线圈、火花塞等组成。

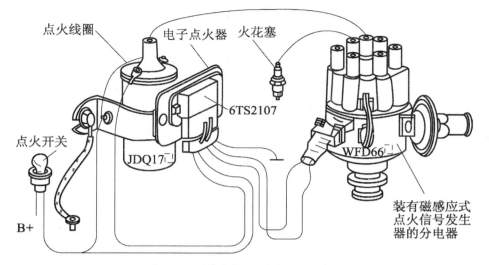

图4-10 磁感应式无触点电子点火装置

如图4-11（a）所示，当信号转子按顺时针方向旋转时，转子凸齿与磁头间的间隙减小，磁路磁阻减小，磁通量 Φ 增多，磁通变化率增大，感应电动势E为正（E＞0），如图4-12（a）中曲线 abc、所示。当转子凸齿接近磁头边缘时，磁通量 Φ 急剧增多，磁通变化率最大，感应电动势E最高，如图4-12（a）中曲线上 b 点所示。当转子转过b点位置后，虽然磁通量 Φ 仍在增多，但磁通变化率减小，因此感应电动势E降低。

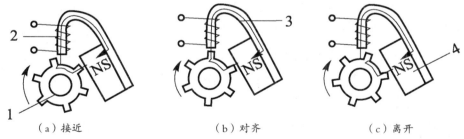

（a）接近　　　　　　　　（b）对齐　　　　　　　　（c）离开

1—信号转子；2—传感线圈；3—永久磁铁；4—铁芯

图4-11 磁感应式点火信号发生器的工作原理

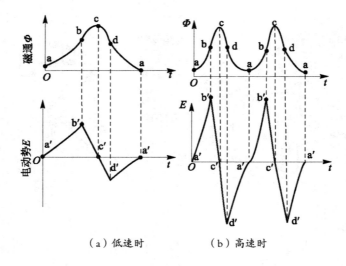

（a）低速时　　　　　（b）高速时

图 4-12　通过传感线圈的磁通及感应电动势情况

如图 4-11（b）所示，当信号转子旋转到转子凸齿的中心线与磁头的中心线对齐时，虽然转子凸齿与磁头间的间隙最小，磁路磁阻最小，磁通量 Φ 最多，但由于磁通量不可能继续增加，磁通变化率为零，因此感应电动势 E 为为零。如图 4-12（a）中曲线上 c 点、点所示。

如图 4-11（c）所示，当信号转子按顺时针方向继续旋转，转子凸齿离开磁头时，凸齿与磁头间的间隙增大，磁通量 Φ 减少，感应电动势 E 为负（E＜0），如图 4-12（a）中曲线 cda、所示。转子凸齿将要离开磁头边缘时，磁通量 Φ 急剧减少，磁通变化率达到负向最大值，感应电动势 E 也达到负向最大值，如图 4-12（a）中曲线上 d 点所示。

由此可见，信号转子每转过一个凸齿，传感线圈中就会产生一个周期的交变电动势，也相应地输出一个交变电压信号。传感线圈就会产生与发动机汽缸数相同的交变电压信号输入点火器。每当信号电压达到一定值时，控制器便切断点火线圈初级电流，次级绕组中就会产生高压电使火花塞跳火。

磁感应式点火信号发生器具有点火信号电压的大小随发动机转速的变化而变化的特点。发动机转速升高时，点火信号发生器磁路的磁阻变化速率提高，相应磁通量的变化速率也提高，传感线圈产生的信号电压也就随之增大，转速不同时，磁通和感应电动势的变化情况如图 4-12（b）所示。

3.霍尔式电子点火系统

霍尔式电子点火系统由装在分电器内的霍尔式点火信号发生器、电子点火器、火花塞、点火线圈、蓄电池、点火开关等组成。

1）霍尔效应原理

霍尔式点火信号发生器的理论依据是霍尔效应原理，如图 4-13 所示。

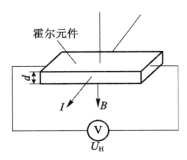

图 4-13 霍尔效应原理

霍尔触发器（又称霍尔元件）是一个带有集成电路的半导体基片，当外加电压作用在触发器两端时，便有电流 I 在其中通过。若在垂直于电流的方向上同时外加磁场，则在垂直于电流和磁场的方向会产生一个电压 UH，这个电压便称为霍尔电压。霍尔电压与通过的电流 I 和外加磁场强度 B 成正比，与基片厚度 d 成反比。

2）霍尔式点火信号发生器的工作原理

霍尔式点火信号发生器是利用霍尔现象来产生点火信号的。霍尔式点火信号发生器的结构如图 4-14 所示，其工作原理如图 4-15 所示。

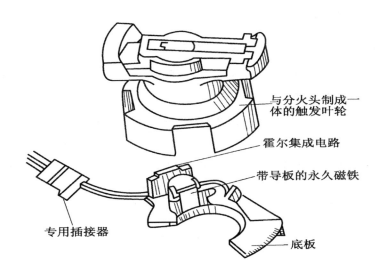

图 4-14 霍尔式点火信号发生器的结构

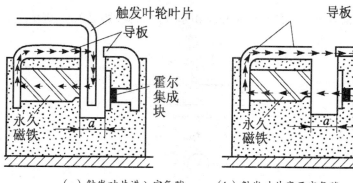

（a）触发叶片进入空气隙　　　　（b）触发叶片离开空气隙

图4-15　霍尔式点火信号发生器的工作原理

当发动机不转动时，触发叶轮不动，无信号输出；当发动机转动时，触发叶轮由分电器轴带动旋转。当触发叶片进入霍尔触发器与永久磁铁之间的空气隙时，霍尔触发器不受磁场作用，不产生霍尔电压；当触发叶片离开空气隙，缺口处于霍尔触发器与永久磁铁之间时，磁力线到达霍尔触发器，在霍尔触发器中产生霍尔电压。触发叶轮在旋转过程中，叶片与缺口轮流进入霍尔触发器与永久磁铁之间的空气隙，产生矩形电压信号，传送给电子点火器，触发其工作。

2.起动机的传动机构

光电式电子点火系统由光电式点火信号发生器、电子点火器、点火开关、点火线圈、分火头、分电器（遮光盘、光触发器、放大器）、火花塞等组成。

1）光电式点火信号发生器的工作原理

光电式点火信号发生器安装在分电器轴上的遮光盘上，开有与发动机气缸数相同的缺口，在遮光盘的上下两面分别装有发光二极管和光敏三极管，如图4-16所示。工作时遮光盘随分电器轴一起转动，当遮光盘遮住了发光二极管发出的光线而使光敏三极管感受不到光线时，光敏三极管截止；当遮光盘的缺口转到装有光电元件的位置，光敏三极管感受到发光二极管发出的光照时，光敏三极管导通，产生点火信号电压，输出到点火模块，点火模块根据该信号来控制点火线圈初级电流的通断来产生次级电压。

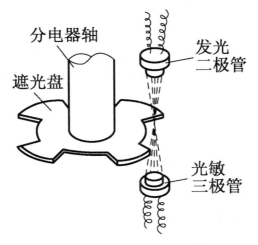

图 4-16 光电式信号发生器的工作原理

2）光电式电子点火系统的工作原理

光电式电子点火系统的工作原理如图 4-17 所示。

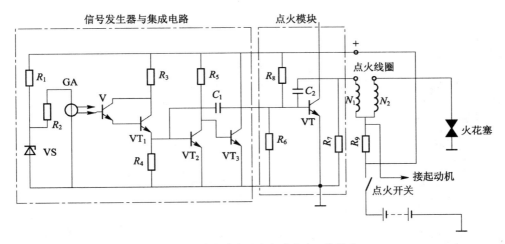

图 4-17 光电式电子点火系统的工作原理

当光敏三极管 V 受光导通时，三极管 VT_1 获得正向偏压而导通。VT_1 导通后为 VT_2 提供正向偏压 UR_4，使 VT_2 导通。VT_2 导通后，VT_3 处于截止状态。大功率三极管 VT 获得正向偏压 UR_6 导通，从而使点火线圈初级绕组通电；当光敏三极管 V 失光由导通转为截止时，VT_1 失去基极电流由导通转为截止，VT_2 也截止，VT_3 因获得正向偏压由截止转为导通。而 VT 失去正向偏压 UR_6 由导通转为截止，点火线圈初级绕组断电，在点火线圈次级绕组中产生高压电，经配电器分送至各缸火花塞。

电路中其他元件的作用是：稳压二极管 VS 用以保证发光二极管 GA 获得稳定

的工作电压；电容 C_1 构成正反馈电路，用以提高大功率三极管 VT 的开关速度，减少功率损耗，防止发热；电阻 R_7 用以保护大功率三极管 VT，当 VT 由导通转为截止时，在次级绕组 N_2 中产生次级电压的同时，初级绕组也产生 300 V 左右的自感电动势，R_7 可为其提供回路，防止 VT 被击穿损坏；电阻 R_8 与电容 C_2 也具有 R_7 的作用，同时 C_2 还具有滤波功能；电阻 R_9 为点火线圈的附加电阻。

三、微机控制点火系统

1.微机控制点火系统的组成

微机控制点火系统的结构因不同厂家、不同生产年代而有所不同，但基本结构相同，主要由传感器、电子控制器、点火器、点火线圈等组成，如图 4-18 所示。

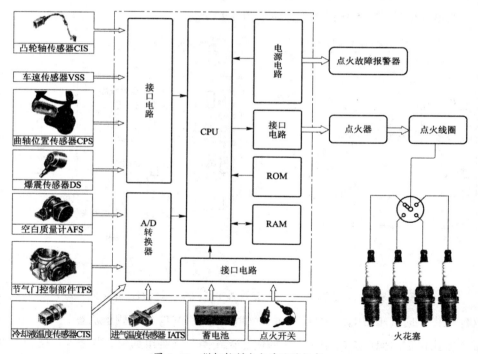

图 4-18　微机控制点火系统的组成

2.微机控制点火系统的基本控制过程

在微机控制点火系统中，点火控制包括点火提前角的控制、通电时间的控制和爆震控制三个方面，基本控制过程如下：

① 发动机运行，ECU 不断地采集发动机转速、负荷、冷却水、进气温度等信号，并根据存储器 ROM 中存储的有关程序与相关数据，确定该工况的最佳点火提前角，以此向点火器发出指令；

② 点火器模块根据 ECU 的指令，控制点火线圈初级回路的导通与截止。当电路导通时，有电流从点火线圈中的初级绕组通过，点火线圈此时将电流以磁场能的形式储存起来。当初级绕组中的电流被切断时，次级绕组感应生成高压电，经分电器送至各缸火花塞，产生电火花点燃可燃混合气。

另外，在带爆震传感器的控制系统中，ECU 还可以根据爆震传感器的输入信号来判断发动机的爆燃程度，并将点火提前角控制在轻微爆燃的范围内，使发动机获得较高燃烧效率。

❧ **任务实施**

一、检修点火系统的主要部件

1.任务目标

（1）学会检查点火线圈、分电器、高压导线和火花塞。
（2）学会调整点火正时。

2.任务器材

万用表一块，间隙量规一把，TL12 型点火正时灯一台，真空泵一台，常用维修工具一套。

3.实施步骤

1）检查点火线圈

① 如图 4-19 所示，用万用表检测点火线圈初级绕组的电阻，规定阻值应为 1.3 ~ 1.7 Ω（20℃时）；

② 如图 4-20 所示，用万用表检测点火线圈次级绕组的电阻，规定阻值应为 7.4 ~ 11.2 Ω（20℃时）；

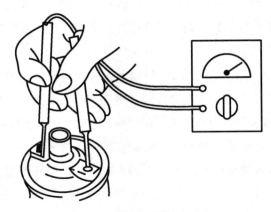

图 4-19 检查初级绕组的电阻

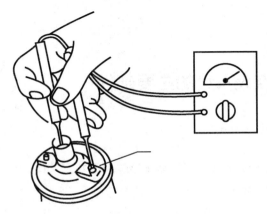

图 4-20 检查次级绕组的电阻

③ 如图 4-21 所示，用万用表检测点火线圈的绝缘电阻，规定阻值应在 50 MΩ 以上（20℃时）；

④ 检查点火线圈的外壳是否破裂，尤其是在主高压导线插头处；

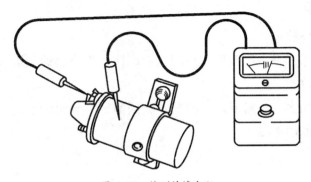

图 4-21 检测绝缘电阻

2）检查分电器

① 如图 4-22 所示，用间隙量规检测转子与定子的间隙，规定间隙应为 0.3 ~ 0.5 mm。若间隙不符合规定，应放松定子固定螺钉来调整，并将吸附的铁屑清除；

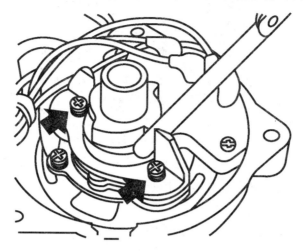

图 4-22　检测间隙

② 如图 4-23 所示，检查分电器盖主高压导线线束插座与各缸高压导线线束插座间的绝缘电阻，规定绝缘电阻阻值应在 50 MΩ 以上；

③ 检查分电器盖与分火头是否有裂痕，并清除积垢；

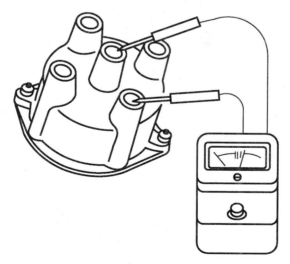

图 4-23　检查分电器的绝缘电阻

④ 如图 4-24 所示，检查分电器的真空式点火提前装置的作用，将真空泵接到真空式点火提前装置，逐渐增加真空吸力，观察分电器底板移动是否顺畅；

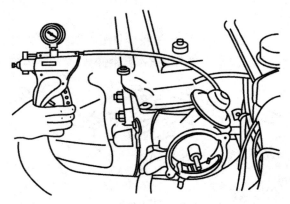

图 4-24　检查真空式点火提前装置的作用

⑤ 如图 4-25 所示，检查分电器的离心式点火提前装置作用，将转子向反时针方向转动，然后放松，检查转子是否回到原位。

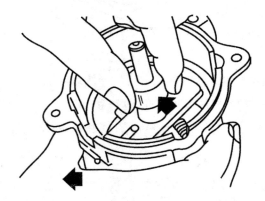

图 4-25　检查离心式点火提前装置

3）检查高压导线

检查高压导线表面是否有裂痕，并清除接头上的积垢。如图 4-26 所示，检查高压导线上的电阻，一般高压导线电阻阻值应在 25 MΩ 以下。

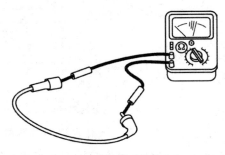

图 4-26　检查高压导线电阻

4）检查火花塞

如图 4-27 所示，检查火花塞的中央电极、搭铁电极、螺纹、垫片及磁体等，并将积炭清除。

如图 4-28 所示，使用间隙量规检测火花塞的间隙。火花塞的间隙一般为 1.0～1.1 mm。

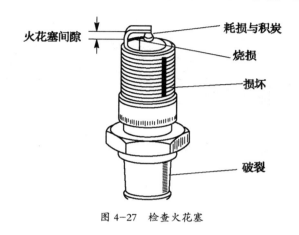

图 4-27　检查火花塞

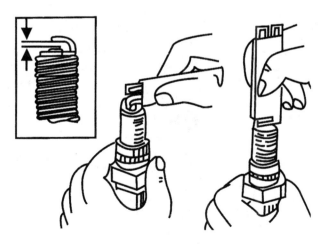

图 4-28　检查火花塞间隙

5）调整点火正时

① 转动曲轴，将发动机第 1 缸活塞置于上止点位置。图 4-29 所示为第 1 缸上止点正时标记，此时，飞轮上的刻度线与壳体上的指针对齐；

② 如图 4-30 所示，转动凸轮轴，使凸轮轴上正时齿轮的正时标记与气门室罩底面平齐；

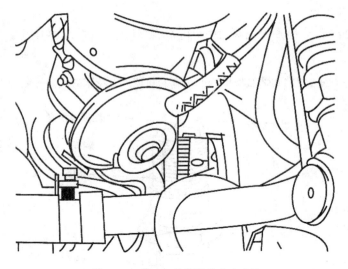

图 4-29　第 1 缸活塞置于上止点处

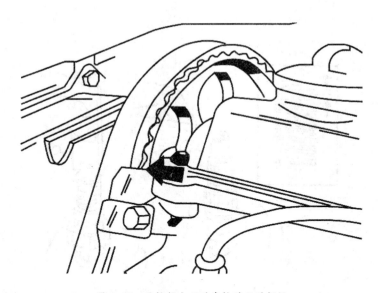

图 4-30　凸轮轴上正时齿轮的正时标记

③ 如图 4-31 所示,使机油泵轴驱动端凸起的矩形块长边与曲轴方向一致。如图 4-32 所示,使分电器的分火头指向分电器壳体上的第 1 缸标记。然后将分电器总成插入安装孔,使其轴端凹槽与机油泵轴端的矩形凸起相配,将分电器壳体逆时针转动 3° 角度,然后用压紧板固定分电器;

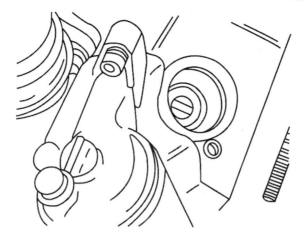

图4-31　机油泵轴驱动端凸起的矩形块方向

图4-32　分火头指向分电器壳体上的第1缸标记

④ 盖上分电器盖,以分火头所制的旁电极为第1缸,顺时针方向按 1→3→4→2插好分缸线,并把中心高压导线与点火线圈、信号发生器与点火器等元件连接好;

⑤ 装好正时带,起动发动机,检查点火正时。如图4-33所示,现将分电器真空软管断开,再使用点火正时灯检查点火正时。在发动机冷却液温度正常、转速为(850±50)r/min时,检查点火提前角应为6°角度。若不符合要求,松开压紧板螺钉,转动分电器外壳进行调整,调整好后,紧固压紧板螺钉,固定好分电器,安装好分电器真空管。

图 4-33　检查点火正时

4.注意事项

（1）检查点火正时时,发动机应处于正常工作温度（70℃～80℃）；

（2）各部件的摆放应干净整洁。

二、更换点火开关

1.任务目标

（1）学会更换点火开关。

（2）通过拆卸及安装转向开关,熟悉相关拆装器材的使用。

2.任务器材

旋具一套（十字、一字螺丝刀）,鳄鱼钳一把,转向盘拆卸器一台,常用维修工具一套。

3.实施步骤

① 拆卸蓄电池负极电缆。如图 4-34 所示,使用工具拧松蓄电池负极电缆的固定螺栓,然后从接线柱上取下负极电缆,并使负极电缆可靠离开蓄电池接线柱,等待 10 min。

图 4-34　拆卸蓄电池负极电缆

② 拆卸转向盘,具体步骤如下:

a. 如图 4-35 所示,调整转向盘至中间位置,保持转向车轮为直线行驶状态,将转向开关调整到中间位置。

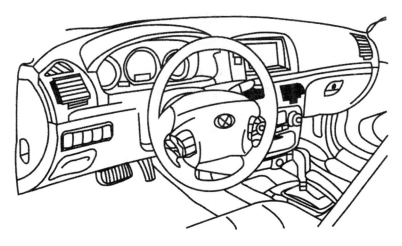

图 4-35　转向盘的位置

b. 如图 4-36 所示,拆掉转向盘盖板,并扒下喇叭按钮的搭铁线,拧下盖板下面的两个螺钉,分开转向柱罩。

③ 拆卸组合开关罩盖,如图 4-37 所示。

④ 拆卸仪表台下护板,如图 4-38 所示。

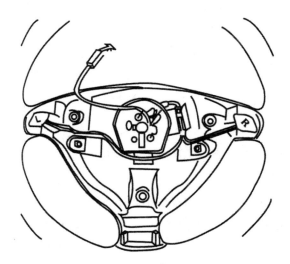

图 4-36　转向盘的位置

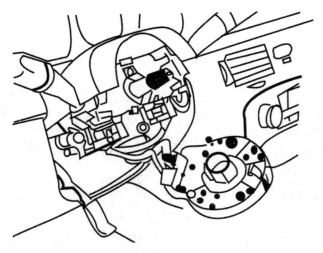

图 4-37 拆卸组合开关罩盖

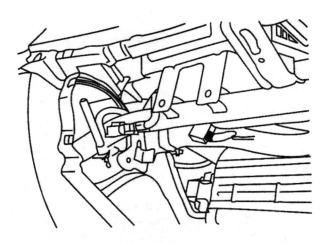

图 4-38 拆卸仪表台下护板

⑤ 拆卸组合开关。拔下转向灯开关、刮水电动机、玻璃清洗电动机和前照灯变光等用电插头。

⑥ 拆卸转向盘锁壳。将一字螺丝刀插入防盗系统的识读线圈外壳锁扣中，撬动锁扣，用手从点火开关上端取下识读线圈。拔下点火开关插头，取下转向柱锁壳。

⑦ 拆卸点火开关。如图 4-39 所示，点火开关在锁壳内，其上部为锁芯总成，锁芯插入开关凹槽内。

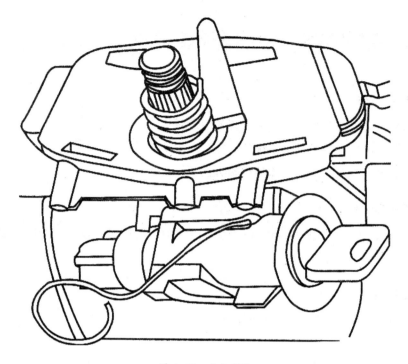

图 4-39　点火开关

⑧ 安装点火开关。对齐点火开关的凹槽和锁芯后,将点火开关安放到承孔中,旋紧点火开关的固定螺栓。

⑨ 安装转向盘锁壳。将点火开关转置"ACC"位置,使锁块缩回锁壳内,安装好识读线圈等部件并保证紧固良好。

⑩ 安装转向盘。按照汽车直行方向将转向盘安装到转向柱上。转向盘固定螺母的紧固力矩为 40 N·m。

4.注意事项

(1)拆卸蓄电池负极时,应保持点火开关处于关闭状态;

(2)安装转向盘之前,要保持两转向轮处于直线行驶状态,否则不能保证汽车直行时转向盘正直。必要时扳动车轮进行调整;

(3)禁止使用旋具(俗称螺丝刀)等类似工具撬别用电插头,以免造成用电插头损伤。

三、桑塔纳轿车点火系统故障诊断

1.任务目标

（1）掌握桑塔纳轿车电子点火系统的组成及原理。

（2）掌握霍尔式电子点火系统的故障诊断方法。

（3）了解电子点火系统故障的排除方法。

2.任务器材

桑塔纳实验车或台架发动机一台、万用表一块、连接导线若干、常用拆装及维修工具一套。

3.实施步骤

桑塔纳轿车点火系统电路如图 4-40 所示。

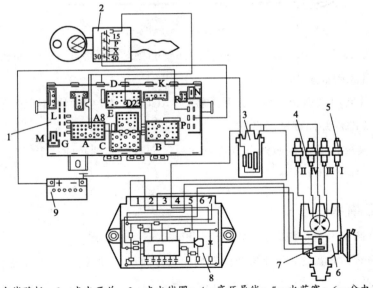

1—中央线路板；2—点火开关；3—点火线圈；4—高压导线；5—火花塞；6—分电器；
7—霍尔传感器；8—晶体管点火控制装置；9—蓄电池

图 4-40　桑塔纳轿车点火系统电路

1）初步检查

检查燃油、润滑油、冷却液是否缺少，蓄电池供电上是否正常。

2）判断故障位置

判断故障是在低压电路还是在高压电路的方法如下：

① 起动中观察转速表指针

起动发动机观察转速表，指针不摆动表示低压电路有故障，指针摆动表示高压电路有故障。

② 跳火检查

拔出高压总线，接上一只火花塞放在缸体上。起动发动机或者反复开、关点火开关，观察火花塞是否跳火（也可以打开点火开关，将霍尔式点火信号发生器的信号线反复接地，观察火花塞是否跳火）。如果不能跳火，说明低压电路有故障，反之说明高压电路有故障。注意：当触发叶轮的叶片不在永久磁铁与霍尔触发器之间的空气隙时，在上述后两步的测试中，是观察不到火花塞跳火的。

3）低压电路故障的诊断与排除

① 检查点火控制装置

将点火开关置于 OFF，用万用表欧姆挡测量点火控制装置 1、4 脚之间的电阻，其值应为 0.52 ~ 0.76 Ω，若不在此范围，说明高压导线圈有故障，需要调换。

将点火开关置于 ON，用万用表电压挡测量点火控制装置 2、4 脚之间的电压，其值应等于蓄电池的电压值。若无电压显示，说明点火控制装置 2、4 脚与电源正、负极连接之间断路。逐点检查高压导线圈"＋"、中央线路板 D23 和 A8 结点、点火开关 15 结点与接地间的电压，找出故障的部位，然后排除故障。

将点火开关置于 ON，用万用表电压挡测量点火控制装置 3、5 脚之间的电压，其值应在 9 V 以上。若小于 9 V 或无电压显示，说明点火控制装置损坏，应调换点火控制装置。

用万用表电压挡测量点火控制装置 1、4 脚之间的断电保护功能。将点火开关置于 ON 后，电压表应在 2 s 内显示为零，若不符合上述要求，则应更换点火控制装置。

② 检查霍尔式点火信号发生器

用万用表电压挡测量霍尔式点火信号发生器"＋"与"—"之间的电压，其值应大于 9 V。在起动过程中，用万用表电压挡测量点火控制装置 3、6 脚之间的电压，其值应在 0 ~ 7 V 之间。若无电压显示，说明霍尔式点火信号发生器损坏或与点火控制装置之间的连接导线断路。用欧姆挡检查霍尔式点火信号发生器的"0""—"与点火控制装置的 6、3 脚之间连接导线的通断情况，若连接良好（导线接通），说明霍尔式点火信号发生器损坏，需要调换。

4）高压电路故障的诊断与排除

① 检查高压导线的整体电阻

用万用表欧姆挡检测高压总线和分火线的电阻，它们的电阻值分别为 0 ~ 2.8 kΩ、0.6 ~ 7.4 kΩ。若不在上述检查的范围内，需调换高压导线。

② 检查分火头及分电器盖

首先用万用表欧姆挡检测分火头的电阻，其值应为 1 ± 0.4 kΩ，若不符需调换。然后进行跳火试验，将高压总线端头正对分火头，起动发动机进行跳火试验。如果有火花，说明分火头被击穿，需调换分火头；若果无火花，说明分火头良好，需检查分电器盖是否有裂纹、龟裂等情况，若有则应调换分电器盖。

4.注意事项

（1）禁止采用搭铁试火法检测电子点火线路；

（2）检查点火器控制初级电流通断时，应提前使中央高压导线搭铁，防止内部晶体管被击穿；

（3）试验中应注意不要接触高压导线部分，以免被高压电击。

项目五　照明与信号系统

☃ 项目导读

为了保证汽车夜间行驶的安全,在汽车上装有多种照明设备,用来在夜晚照明道路、标示车辆宽度、照明车厢内部和仪表及夜间检修等。本项目通过对灯具系统进行检修和检查或更换汽车喇叭两个工作任务,使学生熟悉照明与信号系统的维修方法。

☃ 项目要求

了解前照灯的基本要求、结构、分类。

掌握前照灯电子控制装置的工作过程。

了解前照灯电路的组成。

了解汽车照明与信号系统的主要部件。

☃ 预备知识

一、前照灯

1.前照灯的构造

前照灯主要由灯泡、反射镜和配光镜三部分组成。

1)灯泡

目前,汽车前照灯用灯泡的额定电压有 6 V、12 V 和 24 V 三种。灯泡的灯丝由功率大的远光灯丝和功率较小的近光灯丝组成。

灯丝由钨丝制作成螺旋状,以缩小灯丝的尺寸,有利于光束的聚合。现在常用的汽车前照灯灯泡包括普通充气灯泡、卤钨灯泡、高压(20 kV)放电氙灯三种。

(1)普通充气灯泡

普通充气灯泡的灯丝用钨丝制成(钨的熔点高,发光强)。为了减少钨丝受热后的升华,延长灯泡寿命,制造时将玻璃泡内的空气抽出,再充入 86% 的氩和 14% 的氮的混合惰性气体。普通充气灯泡的构造如图 5-1（a）所示。

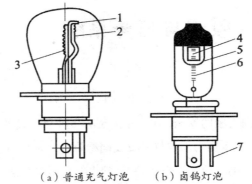

（a）普通充气灯泡　　（b）卤钨灯泡

1、5—遮光罩；2、4—近光灯丝；3、6—远光灯丝；7—插片

图 5-1　前照灯的灯泡的结构

（2）卤钨灯泡

卤钨灯泡在充入的惰性气体中渗入了某种卤族元素，如碘、溴等。我国目前生产的卤钨灯泡的结构如图 5-1（b）所示，它是利用卤钨再生循环反应的原理制成的。其再生过程如下：从灯丝升华出来的气态钨与卤素反应生成了一种挥发性的卤化钨，它扩散到灯丝附近的高温区又受热分解，使钨重新回到灯丝上去，被释放出来的卤素，继续参与下一次循环反应，从而减少了钨的损耗，降低了灯泡变黑的速度。

（3）高压放电氙灯

高压放电氙灯的外形与结构如图 5-2 所示，它的灯泡里没有灯丝，取而代之的是装在石英管内的两个电极，管内充有氙气及微量金属（或金属卤化物）。在电极上加上数万伏的引弧电压后，氙气开始电离而导电，氙气原子即处于激发状态，使电子发生能级跃迁而开始发光。电极间蒸发出少量水银蒸气，光源立即引起水银蒸气弧光放电，待温度上升后转入卤化物弧光灯工作。

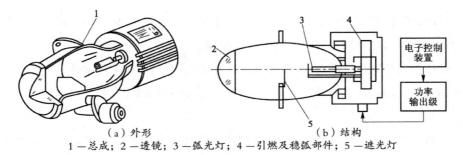

（a）外形　　　　　　　　（b）结构

1—总成；2—透镜；3—弧光灯；4—引燃及稳弧部件；5—遮光灯

图 5-1　前照灯的灯泡的结构

2）反射镜

反射镜是由薄钢板经冲压而成,其内表面镀银、铝或铬,然后抛光处理。银镀层的反射率为90%～95%,铬镀层的反射率60%～65%,而铝镀层的反射率为94%。从光学角度看,银镀层最好,但它易擦伤、易硫化变黑且成本较高,因此,目前反射镜大多采用真空镀铝。

反射镜的作用是尽可能多地收集灯泡发出的光线,并将这些光线聚合成很强的光束射向远方。例如,功率为50 W左右的前照灯,若没有反射镜则只能照亮车前6 m左右的路面,加上反射镜后,可照亮车前150 m以外的路面。

小贴士

反射镜的表面大都为旋转抛物面形状,这是为了将位于反射镜焦点上的光源(灯泡)所发出的光线,经反射镜反射出去,如图5-3所示。

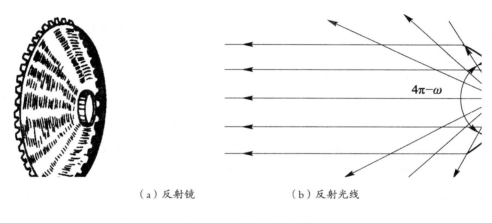

（a）反射镜　　　　　　　　　（b）反射光线

图5-3　反射镜及反射光线

3）配光镜

灯泡发出的光线经反射镜集聚为柱形光束后,尚不能使车前路面照明均匀,而且光束太窄导致照明范围小。为了弥补该缺陷,前照灯增加了配光镜。

配光镜又称散光玻璃,它是用透光玻璃压制而成,是很多块特殊的棱镜和透镜的组合,如图5-4（a）所示。配光镜的作用是将反射镜反射出的平行光束进行散射或折射,使车前路面和路线都有良好而均匀的照明,如图5-4（b）、(c)所示。

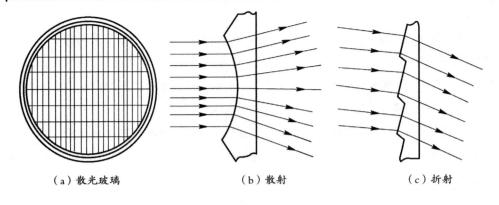

（a）散光玻璃　　　　　　　（b）散射　　　　　　　　（c）折射

图 5-4　配光镜

2.前照灯的控制系统

1）前照灯的电子控制装置

前照灯的电子控制装置包括前照灯会车自动变光器、前照灯关闭自动延时器、提醒关灯装置等。

（1）前照灯会车自动变光器

汽车前照灯会车自动变光器是一种在夜间行驶与对方来车交会过程中，能自动将前照灯的远光变为近光或由近光变为远光的电子控制装置。

汽车夜间行驶，一般两车相距约 150～200 m 时，一旦迎面来车的灯光照射到本车的自动变光器上，则对方来车的灯光信号就会被本车前照灯自动变光器上的光敏器件所接收，变光器自动把前照灯远光变为近光，从而有效地避免了前照灯的远光给对方驾驶员所造成的眩目。待两车交会后，该变光器又自动恢复前照灯的远光。

前照灯会车自动变光器的体积小、性能稳定可靠、灵敏度高，并且不需要驾驶员用脚反复踏踩机械式变光器，因此，现在越来越多的高级轿车（如美国通用公司生产的凯迪拉克）采用了这种装置。

前照灯会车自动变光器电路如图 5-5 所示。使用前照灯时，远光灯为工作初始状态；当会车时，迎面来车的灯光照射到光敏电阻 R 上，电阻 R 的阻值下降，三极管导通使继电器动作，断开远光灯接线而接通近光灯；当会车过后，光敏电阻 R 的阻值上升，三极管截止使继电器断电，电路恢复为远光灯通电。

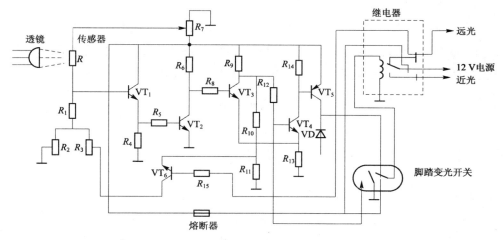

图 5-5 前照灯会车自动变光器电路

（2）前照灯关闭自动延时器

前照灯关闭自动延时器是一种自动延时关闭前照灯的电子控制装置，它的主要作用是在汽车停驶后，为驾驶员下车离去提供一段时间的照明，以免摸黑离开车辆。

前照灯延时控制电路可使前照灯在电路切断后仍继续照明一段时间，然后自动熄灭，它利用晶闸管的通断来控制继电器动作，而晶闸管的通断由电容器电路控制，如图 5-6 所示。

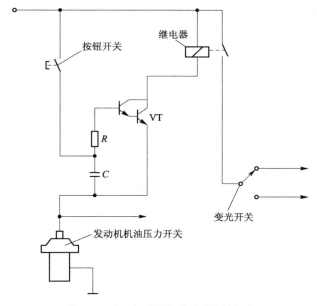

图 5-6 前照灯关闭自动延时控制电路

（3）提醒关灯装置

提醒关灯装置由灯光提示警报系统与自动关闭系统构成，该装置的作用是当点火开关关闭，但驾驶员忘记关闭灯光控制开关时，能够自动发出警报，警告驾驶员关闭前照灯、停车灯等，或者自动关闭灯光。提醒关灯装置电路如图 5-7 所示。

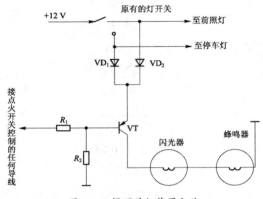

图 5-7　提醒关灯装置电路

在点火开关断开而前照灯（或停车灯）仍然亮着的情况下，电流经二极管 VD1（或 VD2），使 VT 产生基极电流而导通，蜂鸣器发出声音提醒驾驶员关灯；当接通点火开关时，VT 的基极电位提高，VT 截止，蜂鸣器不发出声音。

2）前照灯的电路组成

前照灯控制电路主要由前照灯、灯光开关、变光开关、前照灯继电器组成。

（1）灯光开关

灯光开关有拉钮式、旋转式、组合式等形式，其中组合开关应用较为广泛。

组合开关如图 5-8 所示，转动开关端部，可依次接通尾灯和前照灯。当驾驶员将开关向下压时，前照灯便由近光变为远光；当将开关向上扳时，亦可变为远光，松手后开关自动弹回近光位置。

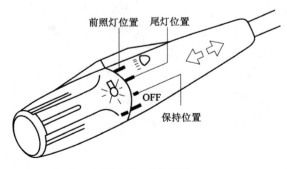

图 5-8　组合开关

（2）变光开关

变光开关可以根据需要切换远光和近光，它有脚踏式和组合式两种。目前汽车上多采用组合式变光开关，安装在方向盘下方，便于驾驶员操作。

（3）前照灯继电器

前照灯的工作电流较大，特别是四灯制的汽车，若用车灯开关直接控制前照灯，车灯开关易损坏，因此在灯光电路中设有灯光继电器。

图 5-9 所示为触点常开式前照灯继电器的结构和引线端子。端子 SW 与前照灯开关相连，端子 E 搭铁，端子 B 与电源相连，端子 L 与变光开关相连。当接通前照灯开关后，继电器线圈通电，铁芯被磁化产生电磁吸力，触点闭合，通过变光开关向前照灯供电。

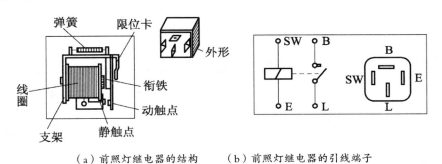

（a）前照灯继电器的结构　　（b）前照灯继电器的引线端子

图 5-9　触点常开式前照灯继电器

二、转向信号灯与闪光器

转向信号灯的作用是指示车辆的转弯趋向，以引起交通民警、行人和其他驾驶员的注意，提高车辆行驶的安全性。当汽车的两个转向灯同时闪烁时，表示车辆遇紧急情况，请求其他车辆避让。

转向指示灯的功用是向驾驶人指示转动方向和转向信号灯工作情况。转向指示灯安装在驾驶仪表盘上，每辆汽车安装 1～2 只，受转向灯开关和闪光器控制，与转向信号灯合称转向灯。

转向信号电路主要由转向信号灯、闪光器、转向灯开关和转向指示灯组成。转向信号灯是通过灯泡的闪烁进行方向指示的。闪光器的作用是控制转向灯电路的通断，实现转向灯的闪烁。转向灯闪光频率规定为 1.5 Hz。目前使用的闪光器主要有电热丝式、电容式和电子式三种。由于电子式闪光器具有性能稳定、可靠性高、寿命长的特点,目前得到广泛应用。

（1）电热丝式闪光器

电热丝式闪光器是利用镍铬合金制成的电热丝的热胀冷缩特性,接通或断开转向灯电路,从而实现转向信号灯及转向指示灯的闪烁的。当电流通过电热丝时,电热丝就会受热伸长使触点闭合;当切断电热丝中的电流时,电热丝就会冷却收缩,使触点断开。

图 5-10 所示为电热丝式闪光器的结构,该闪光器主要由活动触点、电热丝、固定触点、线圈、附加电阻丝、铁芯等组成。闪光器串联在电源与转向灯开关之间,有两个接线柱,分别接电源和转向灯开关。

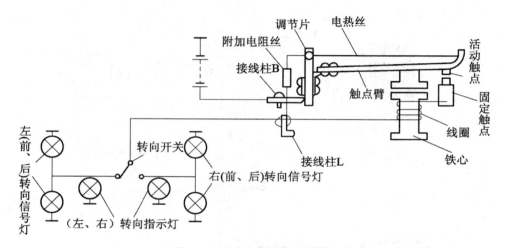

图 5-10　电热丝式闪光器的结构

当转向灯开关处于断开状态时,活动触点在电热丝的拉力作用下处于断开状态,转向灯不通电,转向灯不亮。

当汽车转向时,拨动转向灯开关向欲转向一侧,如转向灯开关接通左转向灯瞬间,触点处于断开状态,电流经蓄电池"＋"→接线柱 B →附加电阻丝→电热丝→触点臂→调节片→接线柱 L →转向灯开关→左转向信号灯和左转向指示灯→搭铁→蓄电池"－"构成回路。由于附加电阻丝和电热丝串联在回路中,使电流较小,故转向信号灯和转向指示灯不亮。

经短时间的通电,电热丝发热膨胀,触点闭合。触点闭合后,电流经蓄电池"＋"→接线柱 B →调节片→触点臂→触点→线圈→接线柱 L →转向灯开关→左转向信号灯和左转向指示灯→搭铁→蓄电池"－"构成回路。此时,附加电阻丝和电热丝被短路,且线圈中产生的电磁吸力使触点闭合的更紧,电路中电阻小、电流大,转向信号灯和转向指示灯发出较强的光。

此时,由于无电流流经电热丝而使其冷却收缩,触点重新处于断开状态,附加电阻丝和电热丝重新串入电路,灯光变暗。如此反复,转向信号灯和转向指示灯明暗交替,示意行驶方向。

(2)电容式闪光器

图 5-11(a)所示为电流型电容式闪光器,该闪光器的衔铁线圈与转向灯串联工作。图 5-11(b)所示为电压型电容式闪光器,该闪光器的衔铁线圈与转向灯并联工作。

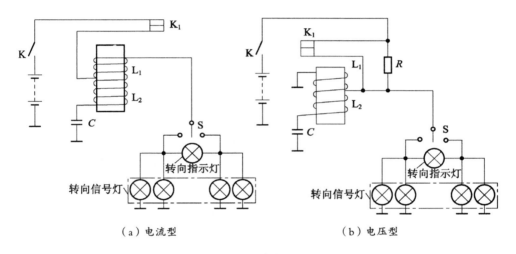

（a）电流型　　　　　　　　　（b）电压型

图 5-11　电容式闪光器

现以电流型电容式闪光器为例说明其工作过程。

当接通电源开关时,电流通过触点 K_1 经线圈 L_2 后向电容器 C 充电。当转向灯开关接通转向信号灯时,电流通过串联线圈 L_1 到转向信号灯及转向指示灯,由 L_1 产生的电磁吸力,将常闭触点 K_1 断开,灯泡就不亮。在触点 K_1 断开后,电容器 C 开始放电,L_1、L_2 两线圈的吸力继续使触点断开,直至放电电流基本消失。放电电流消失后,触点 K_1 在本身弹力作用下,恢复闭合状态,此时流过 L_1 中的负荷电流与流过 L_2 的充电电流方向相反,电磁力互相抵消,K_1 继续闭合,灯泡继续发亮,当 C 接近充满电时,电流减小,两线圈产生的电磁力失去平衡,吸下 K_1,转向信号灯及转向指示灯灯泡熄灭。如此反复工作,转向信号灯及转向指示灯就以一定的频率闪烁。

(3)电子式闪光器

电子式闪光器可分为触点式(带继电器)和无触点式(不带继电器)两种。

图 5-12 所示为带继电器触点式晶体管闪光器。当接通电源开关 SW 和转向灯开关 S 后（转向灯开关接通右转向灯），电流经蓄电池"＋"→电源开关 SW →接线柱 B →电阻 R1 →继电器的常闭触点→接线柱 L →转向灯开关 S →右转向信灯及右转向指示灯→搭铁→蓄电池"－"构成回路，右转向信号灯及右转向指示灯发亮。

转向灯开关闭合后，加在三极管上的电压为正向电压，三极管 VT 导通，电流经三极管 VT 的集电极与发射极、继电器 J 的线圈搭铁。继电器 J 的线圈通电，其常闭触点由闭合状态变为断开状态，转向信号灯及转向指示灯熄灭。

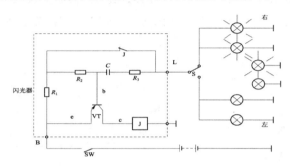

图 5-12　带继电器触点式晶体管闪光器

与此同时，蓄电池经电阻三极管 VT 的基极向电容器充电。电流的流向为：蓄电池"＋"→电源开关→接线柱 B →三极管 VT 的发射极→电容器 C →电阻 R₃ →接线柱 L →转向灯开关→转向信号灯及转向指示灯→搭铁→蓄电池"－"。电容器充满电后，三极管 VT 的基极电位升高，则三极管 VT 截止，继电器 J 的线圈断电，继电器 J 的常闭触点又重新闭合，转向信号灯及转向指示灯重新发亮。

由上述过程可知，当继电器 J 的常闭触点闭合时，转向信号灯及转向指示灯发亮；当继电器 J 的常闭触点断开时，转向信号灯及转向指示灯熄灭。而继电器 J 常闭触点闭合与否取决于三极管 VT 的导通状态，电容器 C 的充放电使三极管 VT 反复导通和截止，由此使得触点时通时断，转向信号灯及转向指示灯闪烁发光。

图 5-13 所示为不带继电器无触点式晶体管闪光器。

不带继电器无触点式晶体管闪光器是以晶体管为主体组成，由三极管 VT_1 和 VT_2，电阻 R_1、R_2、R_3、R_4，电容器 C_1、C_2 组成无稳多谐振荡器，三极管 VT_3 起开关作用。

当汽车转向时，只要接通转向灯开关 S，闪光器就会以一定的频率控制转向灯闪光。闪光频率由 C_1、R_2、C_2、R_3 决定，通常闪光频率一般为 60～70 次/分，亮灭时间比为 1：1，这种闪光器体积小，容易集成，工作稳定，使用寿命长。

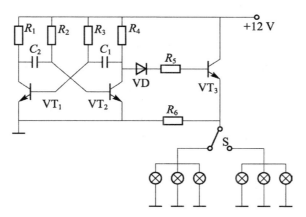

图 5-13   不带继电器无触点式晶体管闪光器

三、制动信号灯与倒车灯

1.制动信号灯

制动信号灯安装在车辆尾部,用来通知后面的车辆该车正在制动,以避免车辆追尾。制动信号灯由制动开关控制,制动开关的形式有气压式、液压式和机械式三种。

气压式和液压式制动开关通常用于载货汽车,一般装在制动管路中,利用管路中的气压或液压使开关中两接线柱相连,从而接通制动信号灯的电路。气压式制动信号灯开关的结构如图 5-14 所示。

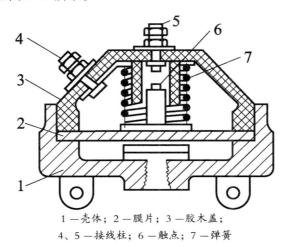

1—壳体;2—膜片;3—胶木盖;
4、5—接线柱;6—触点;7—弹簧

图 5-14   气压式制动信号灯开关的结构

2.倒车灯

倒车灯安装于车辆的尾部,用来给驾驶员提供额外照明,使其能够在夜间倒车时看清汽车的后部,同时也警告后面的车辆,该汽车驾驶员想要倒车或正在倒车。

如图 5-15 所示,倒车信号装置主要由倒车开关、倒车灯、倒车蜂鸣器等部件组成。

倒车信号装置的工作过程是:当变速杆挂入倒挡时,在拨叉轴的作用下,倒挡开关接通倒车报警器和倒车灯电路,倒车灯发亮,同时倒车蜂鸣器发出声响。

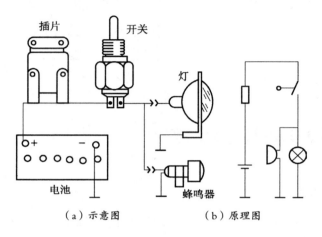

（a）示意图 　　　　（b）原理图

图 5-15　倒车信号装置

四、喇叭

汽车上都装有喇叭,用来警告行人和其他车辆,以引起注意,保证行车安全。喇叭按发音动力的不同分为气喇叭和电喇叭,其中电喇叭较为常用;按外形的不同分为螺旋形喇叭、盆形喇叭、筒形喇叭,如图 5-16 所示。按声频的高低可分为高音喇叭和低音喇叭。

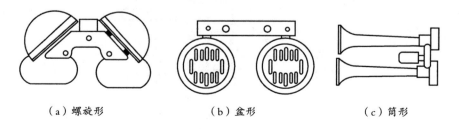

（a）螺旋形 　　　　（b）盆形 　　　　（c）筒形

图 5-16　喇叭的外形

1.盆形电喇叭

图 5-17 所示为盆形电喇叭的结构,其中膜片、共鸣板、衔铁、上铁芯刚性相连为一体。当上铁芯被吸下时,膜片被拉动产生变形,发出声响。

线圈绕在下铁芯上,通电时产生磁场,吸引上铁芯下移。线圈一端接电磁铁芯,另一端接触点的活动触点臂;触点为常闭触点,固定触点臂经导线接活动触点臂与上铁芯相接。电磁铁芯与活动触点臂之间设有绝缘片,它可以旋入和旋出,与上铁芯之间有气隙,改变气隙的大小可以改变音调。调整螺钉用于调整音量。

盆形电喇叭的工作过程如下:

按下喇叭按钮,电流经蓄电池"+"→线圈→活动触点臂→固定触点臂→喇叭按钮→搭铁→蓄电池"-"构成回路。线圈通电产生磁场,电磁铁芯被磁化,吸引上铁芯下移,膜片被拉动,发出声响。由于上铁芯下移,压迫活动触点臂,使触点断开,线圈断电,磁场消失,衔铁连同膜片回位,于是膜片产生第二次声响,如此周而复始。

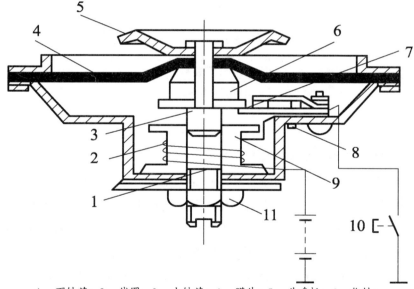

1—下铁芯；2—线圈；3—上铁芯；4—膜片；5—共鸣板；6—衔铁；
7—触点；8—调整螺钉；9—电磁铁芯；10—喇叭按钮；11—锁紧螺母

图 5-17　盆形电喇叭的结构

2.筒形、螺旋形电喇叭

图 5-18 所示为筒形、螺旋形电喇叭的结构,它主要由膜片、共鸣板、山形铁芯、线圈、衔铁、扬声器、触点以及电容器等部件组成。膜片和共鸣板借中心杆与衔铁、调整螺钉、锁紧螺母连成一体。

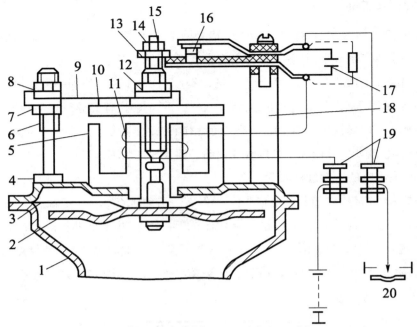

1—扬声器；2—共鸣板；3—膜片；4—底板；
5—山形铁芯；6—线螺柱；7、13—调整螺钉；
8、14—锁紧螺母；9—弹簧片；10—衔铁；
11—线圈；12—锁紧螺母；15—中心杆；
16—触点；17—电容器；18—导线；19—接线柱；20—喇叭按钮

图 5-18　简形、螺旋形电喇叭的结构

简形、螺旋形电喇叭的工作过程如下：

按下喇叭按钮，电流经蓄电池"＋"→线圈→活动触点臂→触点→固定触点臂→喇叭按钮→搭铁→蓄电池"－"构成回路。线圈通电时，山形铁芯产生吸力，吸引衔铁下移，膜片向下拱曲变形，与膜片一体的调整螺钉压下活动触点臂，触点断开，线圈断电，吸力消失。随后膜片恢复原状，触点闭合。线圈再次通电产生吸力时，膜片再次变形。膜片单位时间内变形的次数增大到一定值时会形成振动，由此发出声响。

3.喇叭继电器

为了得到更加悦耳的声音，在汽车上常装有两个不同音调（高、低音）的喇叭。其中高音喇叭膜片厚，扬声简短，低音喇叭则相反。有的汽车装用三个（高、中、低）不同音调的喇叭。当汽车装用单只喇叭时，喇叭电流直接由按钮控制，按钮大多安装在转向盘的中心；当汽车装用双喇叭时，因为消耗电流较大（15～20 A），若用按钮直接控制，按钮容易烧坏，因此采用喇叭继电器来控制喇叭电流。

喇叭继电器的结构和接线方法如图 5-19 所示。

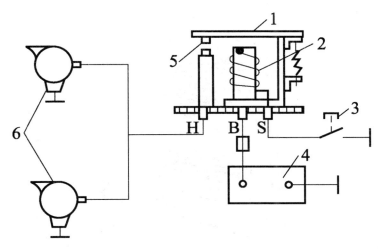

1—触点臂；2—线圈；3—喇叭按钮；4—蓄电池；5—触点；6—喇叭

图 5-19　喇叭继电器的结构和接线方法

📖 **任务实施**

一、汽车灯具系统的检修

1.任务目标

（1）学会对安装配套使用功率的各种灯泡。

（2）学会检查和调整前照灯灯光照射的位置。

（3）学会拆装各种车灯总成。

2.任务器材

前照灯测试仪一台，万用表一台，一字旋具一把，常用维修工具一套。

3.实施步骤

（1）检查前照灯的照明情况，校正光轴。

① 将前照灯镜面擦拭干净；

② 调整前照灯试验器水平。转动水平调整螺栓，如图 5-20 所示。检视水泡仪的水泡应在中央位置；

③ 如图 5-21 所示,被检查汽车应开至试验器前方,距离 3 m。试验器上有卷尺,以测量出正确的数据;

图 5-20 调整前照灯试验器水平

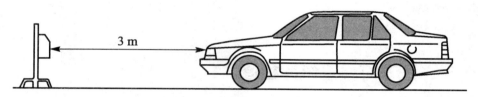

图 5-21 汽车前照灯与试验器的距离

④ 如图 5-22 所示,利用前照灯试验器上的探视镜,检查车辆是否与试验器对正;

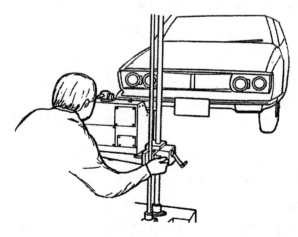

图 5-22 检查车辆的对正

　　⑤ 如图 5-23 所示，打开前照灯试验器的开关，打开汽车近光灯，用橡皮盖盖住其中一个近光灯。移动前照灯试验器，对准近光灯主光轴。上下或左右移动前照灯试验器，使上下光轴计及左右光轴计的指针对正零；

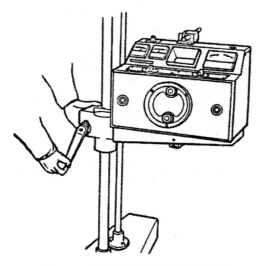

图 5-23　上下或左右移动前照灯试验器

　　⑥ 如图 5-24 所示，转动上下及左右角度调整按钮，将前照灯的影像调整至荧屏的中央。调整前照灯的方向。从上下及左右角度调整按钮上读取角度差，并读取光度；

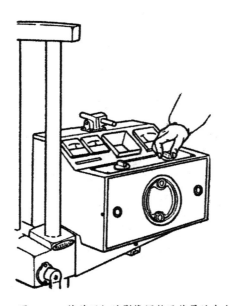

图 5-24　将前照灯的影像调整至荧屏的中央

⑦ 调整前照灯方向。按照原生产厂规定值,将上下及左右角度调整按钮转至一定值。上下及左右移动前照灯试验器,使前照灯的影像在荧屏的中央。调整前照灯的方向,如图 5-25、图 5-26 所示,使上下光轴计及左右光轴计的指针对正零。

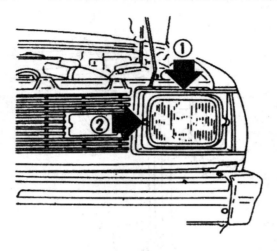

图 5-25 由前照灯前方调整方向

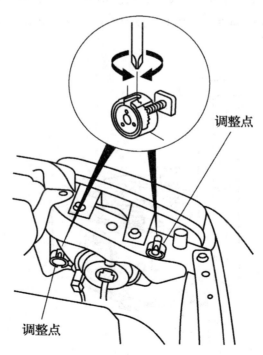

调整点

调整点

图 5-26 由前照灯后方调整方向

（2）打开发动机舱盖

如图 5-27 所示，在车内拉动发动机舱盖手柄，在车外打开并支撑发动机舱盖。

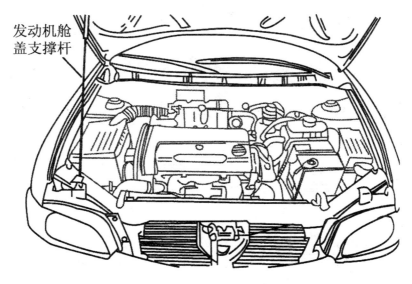

图 5-27 打开发动机舱盖

（3）检查前照灯电路

前照灯电路如图 5-28 所示。按照电路图检查近光、远光及远光指示灯是否正常。

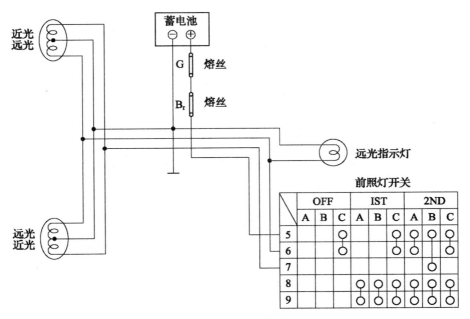

前照灯开关

	OFF			1ST			2ND		
	A	B	C	A	B	C	A	B	C
5			○	○	○	○	○	○	○
6			○	○	○				
7								○	
8				○	○	○	○	○	○
9				○	○	○	○	○	○

图 5-28 前照灯电路

（4）检查组合开关

如图 5-29 所示，使用欧姆表检查各接头是否接通。

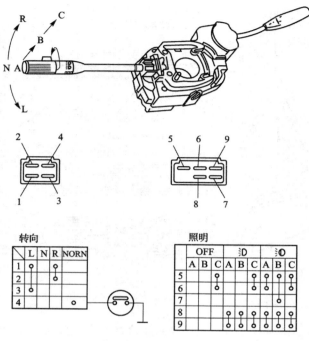

图 5-29　检查组合开关

（5）检查示宽灯、尾灯及牌照灯电路

如图 5-30 所示，检查汽车各灯泡是否正常工作，必要时，可以使用欧姆表检查各接头是否导通。

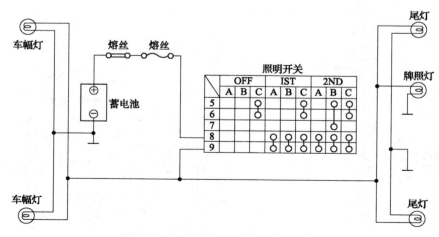

图 5-30　检查示宽灯、尾灯及牌照灯电路

（6）检查转向灯及危险指示灯电路

如图 5-31 所示，检查闪光器及个灯泡是否正常作用，必要时，可以使用必要时欧姆表检查各接头是否导通。

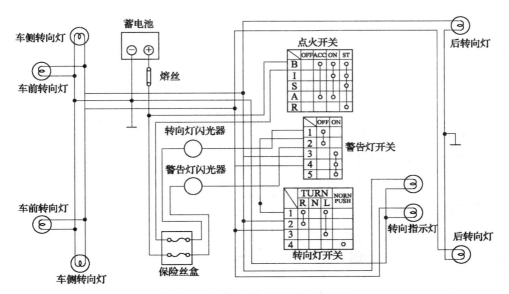

图 5-31　检查转向灯及危险指示灯电路

（7）检查倒车灯电路

检查倒车灯开关及灯泡是否正常工作，必要时，可以使用欧姆表检查倒车灯开关，柱塞压入时应导通，如图 5-32 所示；检查倒车灯电路各接头是否导通，如图 5-33 所示。

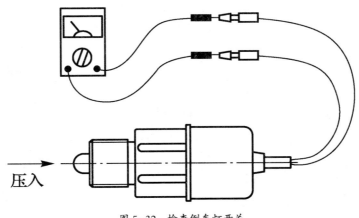

图 5-32　检查倒车灯开关

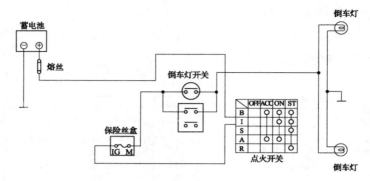

图 5-33　检查倒车灯电路

（8）检查制动灯电路

检查制动灯开关及灯泡是否正常工作，必要时，可以使用欧姆表检查制动灯开关，柱塞压入时应不导通，如图 5-34 所示；检查制动灯电路各接头是否导通，如图 5-35 所示。

	正常位置	推动柱塞
①		○—○
②		○

图 5-34　检查制动灯开关

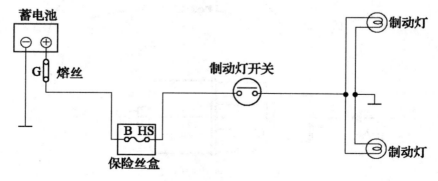

图 5-35　检查制动灯电路

（9）检查室内灯及行李舱灯电路

检查车门开关、行李舱开关及灯泡是否正常工作，必要时，可以使用欧姆表检查车门开关及行李舱开关，柱塞压入时应不导通，如图 5-36、图 5-37 所示；检查室内灯与行李舱灯电路各接头是否导通，如图 5-38 所示。

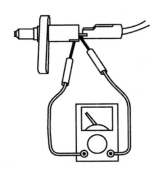

图 5-36　检查车门开关图

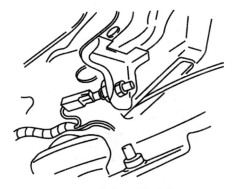

5-37　检查行李舱开关

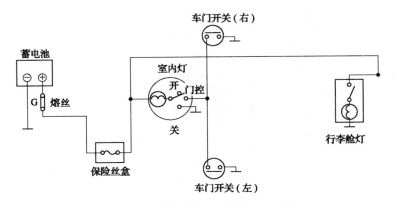

图 5-38　检查室内灯与行李舱灯电路

（10）更换前照灯的灯泡

① 前照灯组件的分解图如图 5-39 所示。安装时不要接触玻璃泡，以免手指在玻璃泡上留下痕迹。

② 按以下步骤更换近光灯灯泡：

（a）拆下前照灯背面上大的罩盖；

（b）如图 5-40 所示，拔出近光灯泡的插头；

（c）在止动销上，旋压弹簧丝夹（弹簧丝 U 形螺栓），并且把它反转到侧面；

（d）从反射罩中取出近光灯泡；

（e）安装新的灯泡，使摩擦盘圆片上的止动销在反射罩上的凹槽处；

（f）在安装一只新的近光灯泡后，应检查前照灯的调整角度。

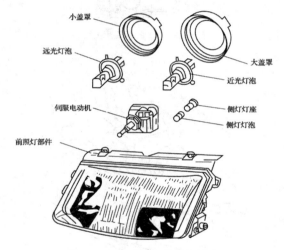

图 5-39　前照灯组件的分解图

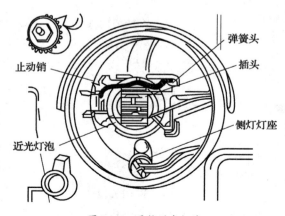

图 5-40　更换近光灯泡

③ 按以下步骤更换侧灯灯泡：

（a）拆下前照灯背面上大的罩盖；

（b）从反射罩中取出带接线插座的灯泡灯座（参见图5-40）；

（c）从灯座中取出灯泡，并且换上新的灯泡；

（d）把使用白炽灯的灯座塞进反射罩中，一直插到底为止。

④ 更换远光灯灯泡或远光和雾灯的双灯丝灯泡，具体操作步骤如下：

（a）拆下前照灯背面上的小罩盖；

（b）拔出远光灯汽车雾灯的远光灯泡或双灯丝灯泡的插头，如图5-41所示；

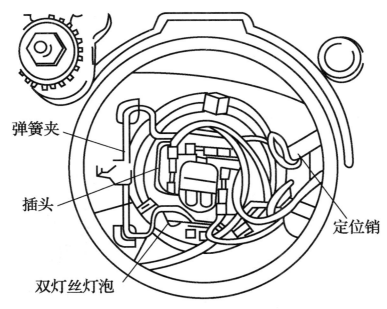

图5-41 更换远光灯泡或双灯丝灯泡

（c）经过止动销，旋压弹簧丝夹，并且把它反转到侧面；

（d）从反射罩中取出远光灯泡或双灯丝灯泡；

（e）换上新的灯泡，使摩擦盘圆上的止动销位于反射罩上的凹槽处。

（11）更换前转向信号灯的灯泡

① 拆卸灯泡。按照图5-42所示的箭头方向，旋转和从灯罩中取出灯座，再从灯座中取出灯泡；

② 安装灯泡。安装新的灯泡，按与拆卸相反的方向转动灯座使其啮合在灯罩中。

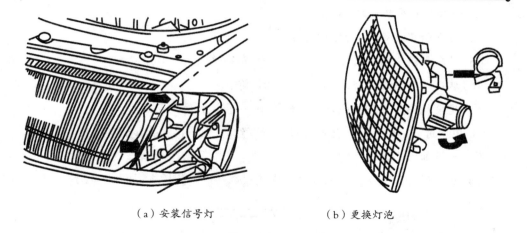

（a）安装信号灯　　　　　　　　　　（b）更换灯泡

图 5-42　安装前转向信号灯

（12）拆卸和安装尾灯的灯座

尾灯组件的分解图如图 5-43 所示。将行李舱中的内饰折起到侧面，分开插头连接，松开保持架，如图 5-44 中的箭头所示，并且取出灯座。按与拆卸相反的顺序安装灯座。

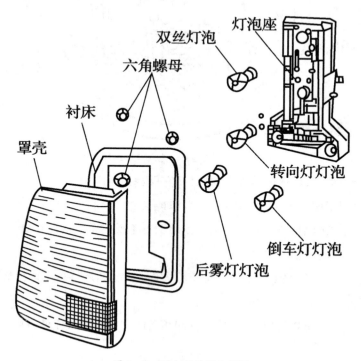

灯泡座

双丝灯泡

六角螺母

衬床

罩壳

转向灯灯泡

倒车灯灯泡

后雾灯灯泡

图 5-43　尾灯组件的分解图

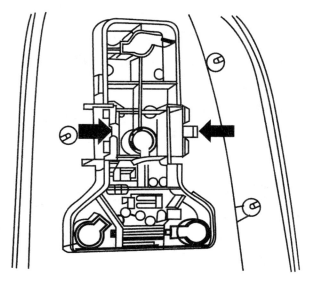

图 5-44　拆卸尾灯灯座

（13）拆卸和安装尾灯

① 拆卸尾灯。在行李舱中，拆卸尾灯之前，从车身衬里或者在尾灯侧旁把阻塞孔的盖罩打开，拆卸灯架。拧开固定螺栓，如图 5-45 箭头所示，并且拆除后侧灯罩；

② 安装尾灯。把后侧灯灯罩放入到车体凹口中，以 3 N·m 的力矩拧固定螺母，安装灯座，并且将插头插上。把车身衬里折回或者在尾灯侧旁关闭阻塞孔的盖罩。

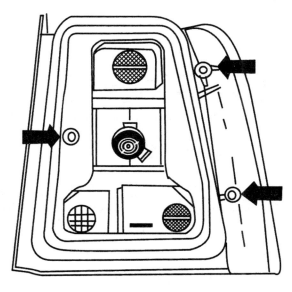

图 5-45　拆卸尾灯

（14）检修高位制动信号灯

辅助制动信号灯在衣帽存放处的后面部分，直接安装到汽车尾部玻璃上。

① 拆卸和安装灯架。拔出插头，旋压回弹簧夹，如图 5-46 所示，并且取出灯架。按与拆卸方向相反的顺序安装灯架。

② 更换灯泡。灯泡都是插在灯架上的，可以直接从灯架中把它们拔出来，然后按图 5-47 所示将新的灯泡直接插入灯架中。

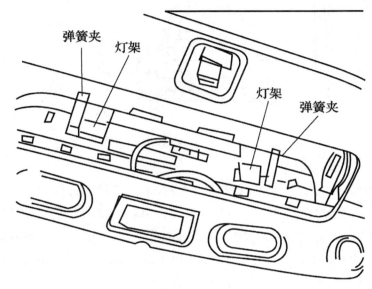

图 5-46　拆卸和安装灯架

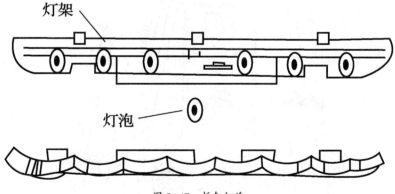

图 5-47　拆卸灯泡

（15）拆卸和安装牌照灯

把牌照灯的固定螺钉旋转出来，如图 5-48 所示，拆下散光玻璃。按与拆卸相反的顺序安装牌照灯。

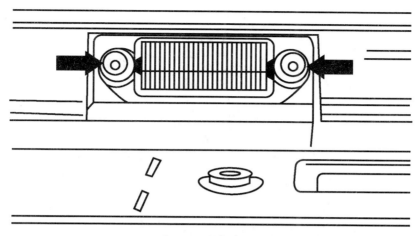

图 5-48　拆卸牌照灯

（16）拆卸和安装行李舱照明灯及开关

① 拆卸和安装行李舱照明灯。在灯罩上向下旋压灯，一直到松开为止。拔出插头，更换灯泡（12 V/3 W）。插上插头，把灯插入支架上，并且加以定位；

② 拆卸和安装行李舱照明灯开关。行李舱照明灯开关位于汽车尾部锁中。拆下开关的塑料保护罩，如图 5-49 所示。从锁中拆下行李舱照明开关，并从尾部锁中取出行李舱照明开关，如图 5-50 所示。把开关插入尾部锁中，并且给开关定位。安装开关的塑料保护罩。

图 5-49　拆下开关的塑料保护罩

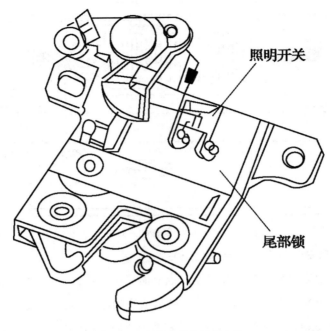

照明开关

尾部锁

图 5-50　拆卸行李舱照明开关

4.注意事项

（1）在安装灯泡时不要接触玻璃泡，手指在玻璃泡上会留下油腻痕迹，容易在接通灯泡时雾化，并且使玻璃泡模糊；

（2）拆装各种车灯总成时一定要按照规范要求。

二、检查或更换汽车喇叭

1.任务目标

（1）学会安装配套使用的汽车喇叭并正确连接汽车喇叭导线。

（2）学会正确调整汽车喇叭的音量和音调。

2.任务器材

音量计一台，万用表一块，蓄电池一块，常用维修工具一套。

3.实施步骤

① 检查喇叭。接通电源,压下喇叭按钮,检查喇叭的工作是否正常;

② 检查喇叭电路。如图 5-51 所示,检查喇叭电路的工作是否正常;

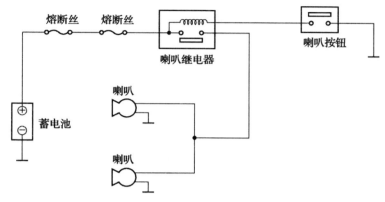

图 5-51　喇叭电路

③ 拆卸汽车喇叭。将点火开关置于"OFF"状态,用手拔下汽车喇叭电插头;

④ 检查喇叭线圈。使用万用表检查汽车喇叭电阻,如果电阻值为 0.4 ~ 1.5 Ω,说明线圈良好;如果电阻值为无穷大,说明线圈开路,应更换汽车喇叭;

⑤ 测量汽车喇叭接线柱与外壳的绝缘性能;

⑥ 检查喇叭继电器。如图 5-52 所示,检查四接头式喇叭继电器,a 与 c 间应导通;

⑦ 调整喇叭音量。连接蓄电池、电流表与喇叭。当喇叭工作时,注意观察电流表读数,并使用音量计检测喇叭音量。喇叭响声的高低与电流量成正比;

⑧ 安装汽车喇叭。将喇叭的固定螺栓旋紧,并接好汽车喇叭的电插头;

⑨ 就车检测汽车喇叭。用手按下汽车喇叭开关,此时喇叭应鸣响。

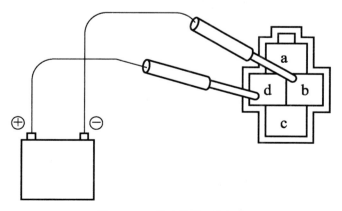

图 5-52　四接头式喇叭继电器

注意：

电流量不符合规定或喇叭发出的声音不正常时，可通过调整气隙和活动触点臂的调整螺栓大小进行调节，图 5-53 所示为平行喇叭的调整，图 5-54 所示为螺旋形喇叭的调整。

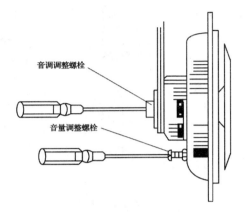

音调调整螺栓

音量调整螺栓

图 5-53　平行喇叭的调整

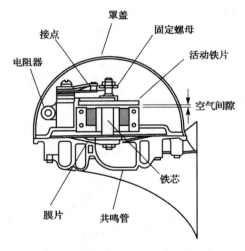

罩盖

接点

固定螺母

电阻器

活动铁片

空气间隙

铁芯

膜片　　共鸣管

图 5-54　螺旋形喇叭的调整

4.注意事项

（1）通过调整气隙和活动触动触点臂的调整螺栓大小对音量进行调整时，由于此项调整非常灵敏，每次转动调整螺栓不可超过 1/10 转；

（2）任务完成后，注意整理工位，清理工具和仪器、清洁地面卫生。

项目六 信息显示系统

🔧 **项目导读**

为了使汽车驾驶员能够随时了解和观察到汽车各系统的工作状况，引起本车驾驶员与车外行人及车辆的注意，以保证行车安全，防止事故发生，汽车上都装有仪表与报警装置，构成了汽车的信息显示系统。本项目通过对信息显示系统进行检修的工作任务，使学生熟悉信息显示系统的维修方法。

🔧 **项目要求**

了解常见汽车仪表的结构，掌握其原理。

了解常见报警装置的结构，掌握其原理。

🔧 **预备知识**

一、汽车仪表

1.机油压力表

机油压力表用来检测和显示发动机主油道的机油压力的大小和发动机润滑系统的工作情况，以防汽车因缺机油而造成拉缸、烧瓦等重大故障，它由装在仪表板上的油压指示表和装在发动机主油道中或粗滤器上的传感器两部分组成，两者用导线相连。

常用的机油压力表包括电热式机油压力表和电磁式机油压力表两种。

1）电热式机油压力表

电热式机油压力表是由电热式机油压力指示表配合电热式（双金属片式）机油压力传感器组成，如图6-1所示。

当无机油压力时，该机油压力表的工作情况如图6-1（a）所示。传感器中双金属片上的触点断开，此时接通点火开关也无电流经过触点，故指针保持在0位不动；

当机油压力低时,膜片会推动触点而产生轻微接触,使指针偏转量很微小;当机油压力高时,此时膜片会强力推动触点,使双金属片与触点的接触压力增大,从而带动指针大幅度偏转,如图 6-1(b)所示。

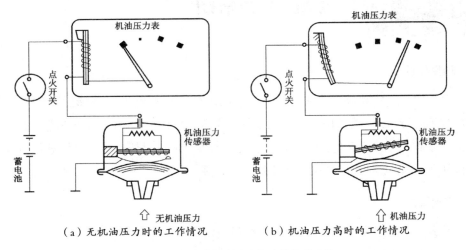

（a）无机油压力时的工作情况　　　　（b）机油压力高时的工作情况

图 6-1　电热式机油压力表的结构原理图

2）电磁式机油压力表

电磁式机油压力表是由电磁式机油压指示表配合可变电阻式机油压力传感器组成,如图 6-2 所示。

当机油压力低时,传感器的电阻值大,线圈 L_1 中的电流小,线圈 L_2 中的电流大,转子带动指针随合成磁场的方向逆时针转动,指向低机油压力;当油压高时,传感器的电阻值小,线圈 L_1 中的电流大,线圈 L_2 中的电流小,转子带动指针随合成磁场的方向顺时针转动,指向高机油压力。

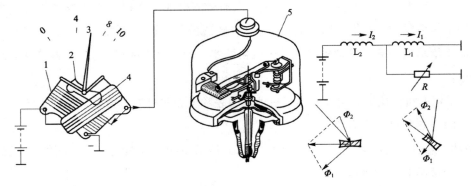

1—L1 线圈;2—铁磁转子;3—指针;4—L2 线圈;5—可变电阻式机油压力传感器

图 6-2　电磁式机油压力表的结构原理图

2.冷却液温度表

冷却液温度表用来显示发动机冷却水套中的冷却液温度,它由冷却液温度指示表和冷却液温度表传感器两部分组成,冷却液温度指示表安装在组合仪表内,冷却液温度传感器安装在发动机气缸盖的冷却水套上。

1)电热式冷却液温度表

电热式冷却液温度表是由电热式冷却液温度指示表配合电热式水温传感器组成,如图6-3所示。

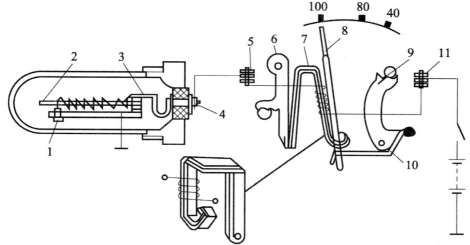

1—固定触点;　2、7—双金属片;　3—连接片;　4—冷却液温度传感器接线柱;
5、11—冷却液温度指示表接线柱;　6、9—调节齿扇;　8—指针;　10—弹簧片

图6-3　电热式冷却液温度表的结构原理图

当电路接通、水温低时,双金属片需经较长时间的加热,才能使触点断开。触点断开后,由于四周温度低散热快,双金属片迅速冷却又使触点闭合,因此,当水温低时,触点在闭合时间长而断开时间短的状态下工作,使流过冷却液温度表加热线圈中的电流平均值增大,双金属片变形大,带动指针向右偏转,指示低水温。当水温高时,双金属片周围温度高,触点的闭合时间短而断开时间长,流过冷却液温度表加热线圈的电流平均值小,双金属片变形小,指针向右偏转角小而指示高水温。

2)电磁式冷却液温度表

电磁式冷却液温度表是由电磁式水温指示表配合热敏电阻式传感器组成,如图6-4所示,该传感器为负温度系数的热敏电阻。当点火开关置于ON时,冷却液温度表的左、右两线圈通电,各形成一个磁场,同时作用于软铁转子,转子便在合成磁场的作用下转动,使指针指在某一刻度上。

当冷却液温度降低时,传感器热敏电阻阻值增大,线圈 L_2 中电流变小,合成磁场逆时针转动,使指针指在低温处;反之,当冷却液温度升高时,传感器热敏电阻阻值减小,线圈 L2 中电流增大,合成磁场顺时针转动,使指针指在高温处。

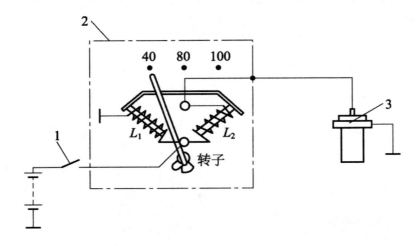

1 —点火开关;2 —冷却液温度指示表;
3 —冷却液温度传感器

图 6-4　电磁式冷却液温度表的结构原理图

3.燃油表

燃油表用来指示汽车燃油箱内储存燃油量的多少,它由装在仪表板上的燃油指示表和装在燃油箱内的传感器两部分组成。燃油表的类型有电热式、电磁式和电子式等,下面对电磁式燃油表和电子式燃油表进行详细介绍。

1)电磁式燃油表

电磁式燃油表是由电磁式指示表和可变电阻器式传感器组成,如图 6-5 所示。它的两个线圈互相垂直地绕在一个矩形塑料架上,塑料套筒轴承和金属轴穿过交叉线圈,金属轴上装有永久磁铁转子,转子上连有指针。可变电阻式传感器由滑片、可变电阻和浮子组成。

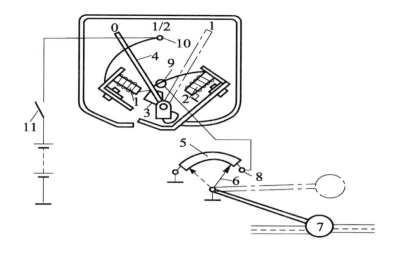

1—左线圈；2—右线圈；3—转子；4—指针；
5—可变电阻；6—滑片；7—浮子；8—传感器接线柱；
9、10—燃油指示表接线柱；11—点火开关

图6-5　电磁式燃油表的结构原理图

当油箱无油时，右线圈被短路。左线圈中的电流达到最大，产生的电磁吸力最强，吸引转子使指针指向"0"的位置。

当油箱中的燃油增加时，可变电阻的阻值变大，使右线圈中的电流增加，而左线圈中的电流减小，在右线圈和左线圈的合成磁场作用下，转子带动指针向右偏转，指针指向高刻度位置。

当油箱装满油时，右线圈的电磁吸力最大，指针指向"1"的位置，当油箱中油为半箱时，指针指向"1/2"的位置。

2）电磁式冷却液温度表

电子式燃油表由两块IC电压比较器及相关电路、发光二极管显示器、浮筒传感器三大部分组成，如图6-6所示。RX是传感器的可变电阻，电阻R_{15}和二极管VD_8组成稳压电路，给IC_1、IC_2两块电压比较器反向输入端提供基准电压信号。电容C和电阻R_{16}组成延时电路，接到电压比较器的同向输入端，RX产生的变化电压信号经延时后与基准电压信号进行比较放大。

当油箱内燃油加满时，RX阻值最小，A点电位最低，IC_1、IC_2两块电压比较器输出为低电平，6只绿色发光二极管全部点亮，而红色发光二极管VD_1熄灭，表示油箱已满。

当油箱内的燃油量逐渐减少时，RX 阻值逐渐增大，A 点电位逐渐增高，绿色发光二极管 $VD_7 \sim VD_2$ 依次熄灭。燃油量越少，绿色发光二极管发亮的个数越少。

当油箱内燃油用完时，RX 的阻值最大，A 点电位最高，IC_1、IC_2 两块电压比较器输出为高电平，六只绿色发光二极管全部熄灭，而红色发光二极管 VD_1 发亮，表示油箱无油。

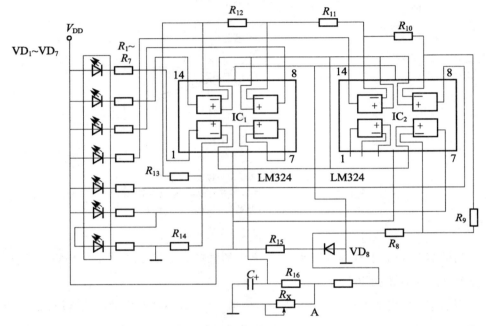

图 6-6　电子式燃油表的结构原理图

4.车速里程表

车速里程表是用来指示汽车行驶速度和累计行驶里程的仪表，主要由车速表和里程表两部分组成，普通车速里程表有磁感应式和电子式两种，下面以磁感应式车速里程表为例进行介绍。

（1）磁感应式车速表

磁感应式车速表主要由永久磁铁、铝罩、护罩、盘形弹簧、刻度盘和指针等组成，如图 6-7 所示。永久磁铁与主动轴紧固在一起，主动轴由来自变速器输出轴的挠性软轴驱动，铝罩通过针轴与指针固接在一起，刻度盘固定在外壳上。

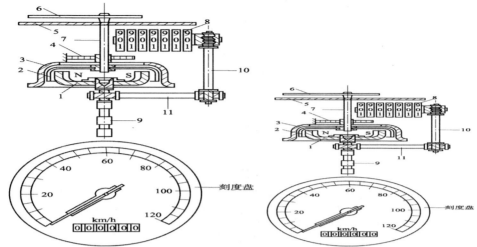

1—永久磁铁；2—铝罩；3—护罩；4—盘形弹簧；5—刻度盘；6—指针；7—针轴；8—数字轮；
9—主动轴；10—水平蜗轮轴；11—竖直蜗轮轴

图6-7　磁感应式车速表的结构原理图

当汽车停驶时，铝罩在游丝的作用下，使指针位于"0"位。当汽车行驶时，软轴驱动主动轴带动"U"形永久磁铁旋转，在铝罩上感应出涡流而产生磁场，这个磁场与永久磁铁的旋转磁场相互作用产生转矩，使铝罩向永久磁铁旋转方向转过一定角度，直到由游丝的弹力所产生的反方向转矩与之平衡；与此同时，铝罩通过针轴带动指针转过与车速成正比的一个角度，从而在刻度盘上指示出相应的车速。实际车速越高，产生的转矩越大，指针在刻度盘上摆动的角度就越大，即指示的车速就越高。

（2）磁感应式里程表

里程表主要由蜗轮蜗杆和数字轮组成，蜗轮蜗杆具有一定的传动比，当汽车行驶时，主动轴经三对蜗轮蜗杆驱动数字轮上最右侧的第一个数字轮（所刻数字为1/10 km），在相邻的两个数字轮之间，既通过自身的内齿进行齿轮传动，又通过进位数字轮形成进位传动，从而使任一个数字轮与左侧相邻的数字轮传动比都为10∶1（右边数字轮每转动一周，相邻左边数字轮指示数便自动加1），这样显示的数字呈十进位递增，便自动累计了汽车总的行驶里程（所刻数字从右向左依次为1/10 km，1 km，10 km，…）。

5.发动机转速表

为了检查调整发动机，监视发动机的工作情况，不少车辆在仪表板上都装有发动机转速表，用于指示发动机的运转速度。发动机转速表可分为机械式和电子式两种，普通机械式转速表又可分为机械传动磁感应式和电动磁感应式两种。

机械传动磁感应式转速表的结构和工作原理与上述磁感应式车速表基本相同，如图6-8所示，它是由传感器和指示表两部分组成，传感器实际是一个小型的交流发电机，安装在发电机的皮带轮附近，由四个螺钉固定。

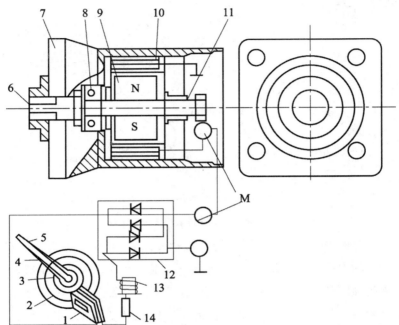

1—动圈；2—永久磁铁；3—游丝；4—配重；5—指针；6—传感器扁形轴；
7—外壳；8—线圈固定罩；9—旋转永久磁铁；10—输出线圈；
11—轴承座；12—整流器；13—电阻R1（200Ω）；14—电阻R2（300Ω）

图6-8 电动磁感应式转速表的结构原理图

二、汽车报警装置

为了反映汽车某系统的工作状况、引起本车驾驶员与车外行人及车辆的注意，以保证行车安全、防止事故发生所设置的灯光或声音信号装置称为报警装置。

报警信号系统通常由报警灯和报警开关组成，当被监测系统不正常时，开关自动接通，指示灯自动点亮，以引起驾驶员的注意。报警灯一般安装在驾驶室内仪表板上，在灯泡前装有滤光片，以使灯泡发出黄光或红光，滤光片上一般标有符号，以示报警项目。报警灯一般与报警开关串联后接在电路中。报警开关种类很多，但所有报警开关都是一对受工作物质操纵的触点开关。

1.蓄电池液面过低报警装置

如图 6-9 所示,蓄电池液面过低报警装置由铅棒和加液塞构成的传感器、VT_1 和 VT_2 构成的放大器、发光二极管构成的报警灯等组成。传感器安装在蓄电池单格内(一般为正极侧第三格)。

当电解液液面高度为 10 ~ 15 mm 时,铅棒与电解液发生化学反应,产生的电动势(约为 + 8 V)使 VT_1 导通,VT_2 因无正向偏置电压而截止,报警灯因无电流通过而不亮。当电解液液面低于 10 mm 时,铅棒无法与电解液接触,电动势为零,故 VT_1 截止,VT_2 得到正向偏置电压而导通,报警灯中有电流通过,报警灯发亮,从而提醒驾驶员补充蒸馏水。

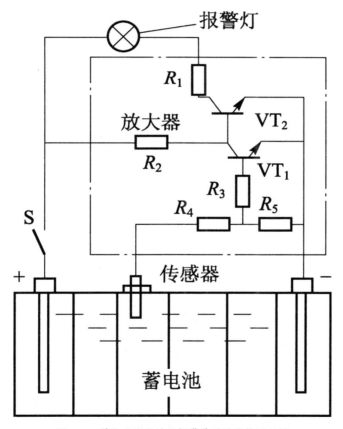

图 6-9 蓄电池液面过低报警装置的结构原理图

2.机油压力报警装置

机油压力报警装置用于提醒驾驶员注意发动机的机油压力异常,有膜片式和弹簧管两种,最常见的弹簧管式机油压力报警装置由装在发动机主油道上的弹簧管式传感器和装在仪表板上的报警灯两部分组成,如图 6-10 所示。

当润滑系统机油压力低于允许值时(如 EQ1090 汽车为 50 ~ 90 kPa),管形弹簧几乎无变形,触点处于闭合状态,报警灯中有电流通过,报警灯发亮,提醒驾驶员注意。当润滑系统机油压力达到允许值时,管形弹簧变形程度增大,使触点分开,报警灯中无电流通过,报警灯熄灭。

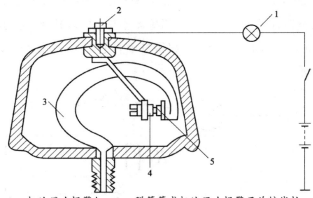

1—机油压力报警灯;2—弹簧管式机油压力报警开关接线柱;
3—管形弹簧;4—固定触点;5—活动触点

图 6-10　弹簧管式机油压力报警装置的结构原理图

3.冷却液温度报警装置

常见的冷却液温度报警装置由双金属片式温度传感器和仪表板上的冷却液温度报警灯两部分组成,如图 6-11 所示。

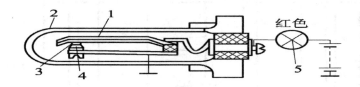

1—双金属片;2—外壳;3—活动触点;
4—固定触点;5—冷却液温度报警灯

图 6-11　冷却液温度报警装置的结构原理图

当发动机冷却液的温度达到或超过极限温度时,传感器内双金属片受热温度高,变形程度大,使其内部触点闭合,报警灯中有电流通过,报警灯发亮,提醒驾驶员及时停车检查。当发动机冷却液的温度正常时,传感器内双金属片受热温度较低,变形程度小,触点断开,报警灯中无电流通过,报警灯熄灭。

4.燃油量报警装置

燃油量报警装置用于指示燃油剩余量不足,一般由负温度系数热敏电阻传感器和仪表板上的燃油量报警灯两部分组成,如图6-12所示。

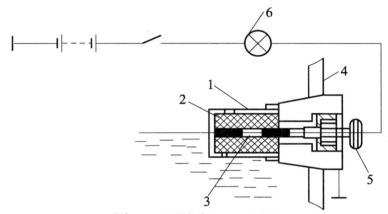

1—外壳;2—防爆金属网;3—热敏电阻;
4—油箱外壳;5—接线柱;6—燃油不足报警灯

图6-12 燃油量报警装置的结构原理图

当油箱燃油量较多时,热敏电阻完全浸泡在燃油中,由于其散热快、温度低、阻值大,报警灯电路中相当于串联了一个很大的电阻,流过报警灯的电流很小,报警灯熄灭。当燃油减量少到热敏电阻露出油面时(规定值以下),热敏电阻温度升高、散热慢、电阻值减小,流过报警灯的电流增大,报警灯发亮。

5.制动系统低压报警装置

电气制动的汽车必需装备制动系统低压报警装置,常见的制动系统低压报警装置由装在制动系统储气筒或制动阀压缩空气输入道中的低气压报警传感器和仪表板上的红色报警灯两部分组成,如图6-13所示。

当制动气压下降到规定值时,作用在膜片上的压力减小,复位弹簧使触点闭合,电路接通,报警灯发亮,提醒驾驶员注意,否则会因制动系统不能正常工作而造成交通事故。当制动气压达到规定值后,作用在膜片上的压力增大,压缩复位弹簧使触点断开,电路切断,报警灯熄灭。

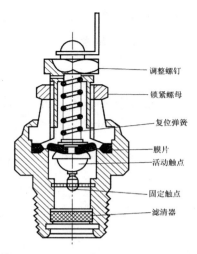

图 6-13　制动系统低压报警装置的结构原理图

6.制动灯信号断线报警装置

制动灯信号断线报警装置一般由电磁线圈与舌簧开关构成的控制器、仪表板上的报警灯两部分组成,如图 6-14 所示。

当汽车制动时,制动灯开关闭合,电流分别经点火开关、制动灯开关、控制器两并联线圈、左右制动信号灯、搭铁,使制动信号灯发亮;同时两线圈所产生的磁场相互抵消,舌簧开关维持常开状态,报警灯不亮。当某一侧制动信号灯线路出现故障时,控制器线圈中只有一个有电流通过,通电的线圈产生电磁吸力使舌簧开关闭合,报警灯发亮。

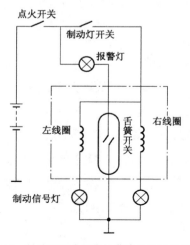

图 6-14　制动灯信号断线报警装置的结构原理图

7.制动液面过低报警装置

制动液面过低报警装置一般由安装在制动液储液罐内的浮子式传感器和报警灯两部分组成,如图 6-15 所示。

当制动液充足时,浮子式传感器随制动液上浮,处于较高位置,其内永久磁铁与舌簧开关的位置较远,对舌簧开关的吸引力较弱,故舌簧开关仍处于常开状态,报警灯电路无法接通,报警灯不亮。当制动液不充足时,浮子式传感器随制动液下浮,在下浮到规定值以下时,永久磁铁与舌簧开关的位置较近,磁力吸动舌簧开关闭合,报警灯电路被接通,报警灯发亮,提醒驾驶员注意,防止制动能效下降而出现安全事故。

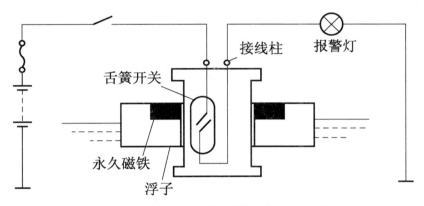

图 6-15　制动液面过低报警装置的结构原理图

8.空气滤清器堵塞报警装置

如图 6-16 所示,空气滤清器由与空气滤清器滤心内外侧相连通的气压式开关传感器和报警灯两部分组成。气压式传感器是利用其上、下气室产生的压力差推动膜片移动,从而带动与膜片相连的磁铁移动,移动的磁铁产生的磁力使舌簧开关断开或闭合,进而控制报警灯电路的接通或断开。

若空气滤清器滤芯未堵塞,则传感器上、下气室间压力差小,膜片及磁铁的移动量小,舌簧开关处于常开状态。若空气滤清器滤芯被堵塞,则传感器上、下气室间压力差增大,膜片及磁铁的移动量增大,磁铁磁力吸动舌簧开关闭合,报警灯电路被接通,报警灯发亮。

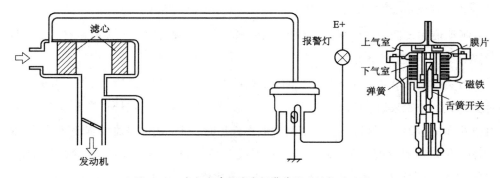

图 6-16　空气滤清器堵塞报警装置的结构原理图

任务实施

检修汽车信息显示系统

1.任务目标

（1）加深理解汽车仪表的工作原理。

（2）掌握汽车仪表的检测方法及检测内容。

（3）掌握汽车仪表使用过程中的常见故障的现象、原因及排除方法。

2.任务器材

实训车辆（以桑塔纳普通型轿车、东风 EQ1092、解放 CA1092 为主）及其组合仪表总成一组，万用表、导线、绝缘胶布、剪刀、备用熔断器、直流试灯等若干，常用维修工具一套。

3.实施步骤

1）仪表总成的组成及导线的连接

信息显示系统电路的特点：

① 所有的电气仪表都要受点火开关的控制；

② 仪表常用双金属片电热丝结构；

③ 各仪表与其传感器串联；

④ 指示灯、报警灯与仪表装配在一起或就近装配,均受点火开关控制；

⑤ 指示灯与报警器的线路连接方法大致有两种：一种是由传感器控制其搭铁回

路,电源接点火开关或 15 号火线等;另一种是灯泡端接搭铁回路,由开关、继电器或传感器控制正极端。

解放 CA1092 大货车信息显示系统(仪表、警报系统)的线路原理如图 6-17 所示。

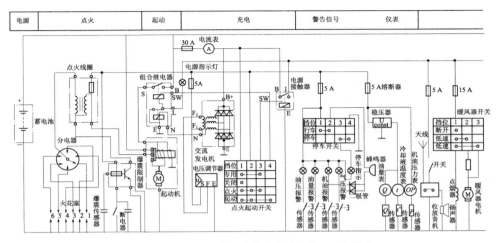

图 6-17 CA1092 大货车信息显示系统的线路原理

2)仪表电路的连接

① 电流表电路的连接:起动机主火线→熔断器→电流表"—"接线柱→电流表"+"接线柱;

② 机油压力表和冷却液温度表电路的连接:点火开关 2 号端子→熔断器→稳压器→冷却液温度表→水温传感器→机油压力表→机油压力传感器;

③ 燃油表电路的连接:点火开关 2 号端子→燃油量表→燃油量表传感器。

3)报警电路的连接

① 机油压力报警装置的线路连接:点火开关 2 号端子→油压过低蜂鸣器和警报灯→气压过低报警传感器;

② 制动气压报警装置的线路连接:点火开关 2 号端子→气压过低报警器开关→气压过低蜂鸣器和警报灯。

4)电流表故障的诊断与排除

① 由指导教师示意电流表的各种故障,观察电流表的故障现象如下:

电流表指针转动不灵活,迟滞。

电流表指针晃动。

通电时,电流表指针有时转动,有时停滞。

通电流时,指针偏斜迟缓或指示值过低。

通电时,指示值过高。

电流不通。

② 对应上述故障,其可能原因如下:

润滑油老化变质,针轴过紧。

针轴过松。

接线螺栓的螺母松动,接触不实。

储存或使用过久,永久磁铁磁性变弱。

指针歪斜,碰擦卡住或指针轴和轴承磨损。

电流过量,接线螺栓与罩壳或车架搭铁,烧坏仪表。

③ 对应上述故障原因,按以下顺序排除故障:

取下罩壳,将机件用清洗剂清洗,晾干后在轴承处滴入几滴仪表润滑油;针轴过紧予以调整。

将针轴调紧。

接线螺母松动时,应紧固螺母。

对永久磁铁充磁。

指针歪斜时用镊子校正,轴承磨损应更换,将永久磁铁退磁。

更换电流表。

5)机油压力表故障的诊断与排除

机油压力表的故障现象一般为发动机起动后,指针指在"0"处。

该故障的诊断与排除方法如下:

① 接通点火开关,拆下传感器一端使导线搭铁。此时,若表头立即从"0"向最大值处移动,说明机油压力表性能良好;

② 拆下传感器并接上被拆下的导线,使传感器外壳搭铁;

③ 接通点火开关,指针即向最大值处移动,此时应立即关闭点火开关,进行检查。拆下传感器一端导线后,重新接通点火开关试验,若此时如指针不再向最大值处移动,说明传感器内部短路;若指针仍移向最大值处,说明指示表与传感器内导线有搭铁处,再分段试验,找出故障点,排除故障。

6)燃油表故障的诊断与排除

燃油表的故障现象一般为燃油表指针总是指在"1"处。

该故障的诊断与排除方法如下:

① 接通点火开关,拆下传感器接线柱上的导线进行搭铁试验。此时若指针转至

"0"处,说明可能是传感器内部断路、可变电阻损坏、滑片与可变电阻接触不良等;

② 检查指示表到传感器线路。继续上述试验,若指针不能转至"0"处,可对指示表外接线搭铁试验,此时,若指示表转至"0"处,说明指示表至传感器线路断路,应根据实际情况修复。

7)冷却液温度表故障的诊断与排除

由指导教师示意冷却液温度表的各种常见故障,观察其故障现象,分析故障原因,该故障的诊断与排除方法如下:

① 检查冷却液温度表,接通点火开关,并拆下传感器一端导线使其直接搭铁。此时若指针立即从100℃向40℃处移动,说明冷却液温度表无故障,可能是传感器电热线圈或触点接触不良,应予以修复或更换;

② 检查电源线路,继续上述试验。若在第一步搭铁时,指针指向100℃处不动,可在冷却液温度表电源接线柱一端用试灯试火。若试灯不亮,说明冷却液温度表电源线路已断,应接通断路处;

③ 检查冷却液温度表至传感器线路,继续上述试验。若在冷却液温度表电源接线柱一端用试灯试火,试灯发亮,说明表头至传感器线路不良,可在冷却液温度表引出线路试验。若表针移动,说明线路导线已断,应接通;反之,说明冷却液温度表内部电热线圈断路,应修复或更换冷却液温度表。

4.注意事项

(1)拆卸蓄电池时,总是最先拆下负极电缆;安装蓄电池时,总是最后连接负极电缆。拆下或安装蓄电池电缆时,应确保点火开关及其他开关都已断开,否则会导致半导体元器件的损坏;

(2)不允许使用欧姆表及万用表的 R×100 以下低阻欧姆挡检测小功率晶体三极管,以免电流过载损坏它们;

(3)实训过程中应按步骤进行,在指导教师检查无问题后,方可通电试验,以免因线路接错而导致事故。

辅助电气系统

☞ **项目导读**

　　汽车的辅助电气设备包括安全保障、舒适、网络、防盗等方面的设备。通常车厢的豪华程度越高，这些方面的电气设备就越多。本项目通过检查与更换刮水电动机和刮水片、检修桑塔纳 2000GSi 防盗系统两个工作任务，使学生能够熟悉辅助电气的维修方法。

☞ **项目要求**

　　了解电动刮水器与风窗玻璃洗涤装置的结构。
　　了解电动车窗、电动后视镜、电动座椅的结构。
　　了解中控门锁与防盗系统的功能及结构。

☞ **预备知识**

一、电动刮水器与洗涤装置

1.电动刮水器

1）电动刮水器的分类

　　为了保证汽车在雨天、雪天行驶时驾驶员有良好的视线，确保行车安全，汽车上设置了风窗玻璃电动刮水器（以下简称电动刮水器）。电动刮水器的作用是用来清除风窗玻璃上的雨水、雪或尘土，以保证驾驶员具有良好的能见度。风窗玻璃洗涤装置和电动刮水器配合工作可清除脏物，它们合称风窗玻璃刮水器。

　　根据驱动装置的不同，电动刮水器可分为真空式、气动式和电动式三种。目前车辆上广泛使用的是电动式刮水器，简称电动刮水器。根据所处位置的不同，电动刮水器又可分为前电动刮水器和后电动刮水器两种。

2）电动刮水器的结构

电动刮水器主要由刮水电动机、蜗轮、连杆、摆杆和刮水片等组成，如图7-1所示。通常电动机和蜗轮结合成一体，组成电动刮水器电机总成。连杆和摆杆等杆件可以将蜗轮的旋转运动转变为摆臂的往复摆动，使摆臂上的刮水片实现刮水动作。

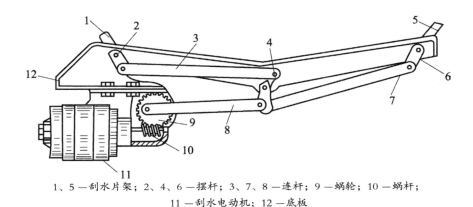

1、5—刮水片架；2、4、6—摆杆；3、7、8—连杆；9—蜗轮；10—蜗杆；
11—刮水电动机；12—底板

图7-1　电动刮水器

一般刮水电动机有永磁式和绕线式两种。永磁式刮水电动机体积小，质量轻，结构简单，使用广泛。永磁式刮水电动机主要由外壳、磁铁总成、电枢、电刷安装板、蜗轮等组成，如图7-2所示。

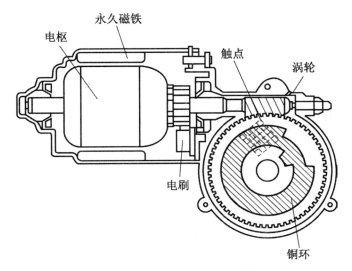

图7-2　永磁式刮水电动机的结构

刮水电动机的电枢通电后即开始转动，以蜗杆驱动蜗轮，蜗轮带动摇臂旋转，摇臂使拉杆往复运动，从而带动刮水片左右摆动，如图7-3所示。

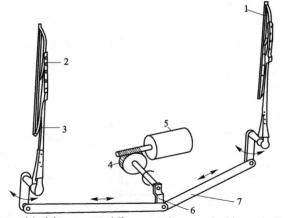

1—刮水片；2—刮水片架；3—雨刮臂；4—蜗轮；5—电动机；6—摇臂；7—拉杆

图7-3　永磁式刮水电动机的工作过程示意图

3）电动刮水器的控制电路和自动复位装置

图7-4所示为铜环式电动刮水器的控制电路和自动复位装置。该刮水器的控制开关（以下简称刮水开关）有三个挡位，它可以控制电动刮水器的速度和自复位。0挡为复位挡，Ⅰ挡为低速挡，Ⅱ挡为高速挡。四个接线柱分别接自动复位装置、电动机低速电刷 B_1、搭铁、电动机高速电刷 B_2。自动复位装置在减速蜗轮上嵌有铜环，铜环分为两部分，分别与电动机的外壳相连（搭铁）。触点臂用磷铜片或其他弹性材料制成，一端铆有触点。由于触点臂具有弹性，因此当蜗轮转动时，触点与蜗轮端面的铜环保持接触。

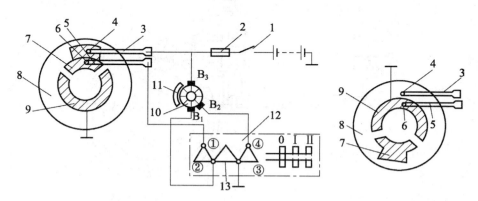

（a）电枢短路制动　　　　　　（b）电动机继续运转

1—电源开关；2—熔断器；3、5—触点臂；4、6—触点；7、9—铜环；
8—减速蜗轮；10—电枢；11—永久磁铁；12—刮水开关；13—接触片

图6-3　电热式冷却液温度表的结构原理图

2.风窗玻璃洗涤装置

风窗玻璃洗涤装置与电动刮水器配合使用,可以使汽车挡风玻璃刮水器更好地完成刮水工作,并获得更好的刮水效果。

1)风窗玻璃洗涤装置的组成

如图7-5所示,风窗玻璃洗涤装置主要由储液罐、洗涤泵、输液管、喷嘴等组成。

洗涤泵一般由永磁电动机和离心叶片泵组装成为一体,喷射压力可达70~88 kPa。它一般直接安装在储液罐上,在离心泵的进口处设置有滤清器。洗涤泵的喷嘴安装在挡风玻璃的下面,其喷嘴方向可以根据使用情况调整,喷水直径一般为0.8~1.0 mm,能够使洗涤液喷射在挡风玻璃的适当位置。

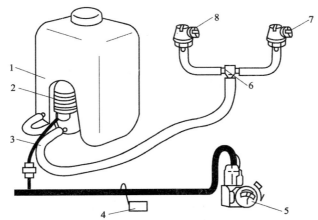

1—储液罐;2—洗涤泵;3—输液管;4—熔断器;5—刮水开关;6—三通管接头;7、8—喷嘴

图7-5 风窗玻璃洗涤装置

2)风窗玻璃洗涤装置的正确使用

① 洗涤泵的连续工作时间不应超过1 min;

② 对于刮水和洗涤分别控制的汽车,应先开启洗涤泵,再接通刮水器;

③ 喷水停止后,刮水器应继续刮动3~5次,以便达到良好的清洁效果;

④ 常用的洗涤液是硬度不超过205 ppm的清水;

⑤ 为能刮掉挡风玻璃上的油、蜡等污物,可在水中添加少量的去垢剂和防锈剂。强效洗涤液的去垢效果好,但会使风窗密封条和刮片胶条变质,还会引起车身喷漆变色以及储液罐、喷嘴等塑料件的开裂;

⑥ 冬季使用洗涤器时,为了防止洗涤液结冰,可添加甲醇、异丙醇、甘醇等防冻剂以及少量的去垢剂和防锈剂,使之成为低温洗涤液,其凝固温度可下降到−20℃以下;

⑦ 冬季若不用洗涤器时,应将洗涤管中的水倒掉。

3)桑塔纳轿车风窗玻璃刮水器的控制电路

桑塔纳轿车风窗玻璃刮水器的控制电路可结合电动刮水器电路共同分析,如图7-6 所示,该电路中刮水开关有五个挡位,分别为低速挡、高速挡、复位停止挡、点动挡和间歇挡。

将点火开关置于"ON",即可接通蓄电池向中间继电器 J59 的磁化线圈供电的电路,其电流回路为:蓄电池"＋"→点火开关 30 接线柱→点火开关 X 接线柱→中间继电器 J59 的磁化线圈→搭铁→蓄电池"—"。在电磁吸力的作用下,中间继电器 J59 的常开触点闭合,为刮水电动机的工作做好准备。

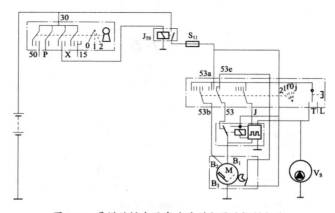

图 7-6　桑塔纳轿车风窗玻璃刮水器的控制电路

二、电动车窗、电动后视镜、电动座椅

1.电动车窗

电动车窗是指以电为动力使车窗玻璃自动升降的车窗,它是由驾驶员或乘员操纵开关接通车窗升降电动机的电路,电动机产生动力通过一系列的机械传动,使车窗玻璃按要求进行升降。

电动车窗主要由车窗玻璃、电动机、车窗玻璃升降器、控制开关等组成。

(1)电动机

电动机的作用是为车窗玻璃的升降提供动力。电动车窗常采用双向转动的电动机,有永磁型和双绕组型两种。永磁型的电动机是外搭铁,双绕组型的电动机则是各绕组搭铁,这两种电动机都是通过改变电流的方向来实现正反转以控制车窗玻璃的升或降。

通常汽车的每个车门各有一个电动机，通过开关控制电动机中的电流方向，进而控制玻璃的升降。

（2）控制开关

控制开关的作用是控制电动机中电流的方向。

电动车窗的控制开关一般有两套，一套为总开关，装在仪表板或驾驶员侧的车门上，驾驶员可以控制每个车窗玻璃的升降；另一套为分开关，分别安装在每个车窗上，以便乘员对每个车窗进行升降控制。

（3）车窗玻璃升降器

车窗玻璃升降器有绳轮式和软轴式两种，分别如图 7-7、7-8 所示。

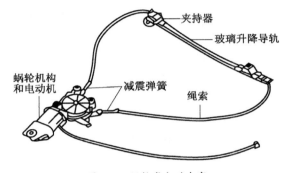

图 7-7　绳轮式电动车窗

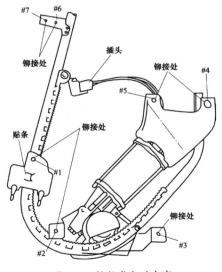

图 7-8　软轴式电动车窗

2.电动后视镜

驾驶员很难调整后视镜的位置，特别是乘客车门一侧的后视镜。电动后视镜的作用是方便驾驶员调整后视镜的角度（在行车时可随时对左右后视镜的角度进行调节）。

电动后视镜一般由镜片、驱动电动机、控制电路及操纵开关等组成。在每个后视镜镜片的背后均有两个可逆电动机，可操纵其上下及左右运动。通常垂直和水平方向的倾斜运动分别由一个永磁电动机控制。

通过改变电动机的电流方向，就可完成对后视镜的上下及左右方向的调整。电动后视镜的结构和控制开关如图 7-9 所示。

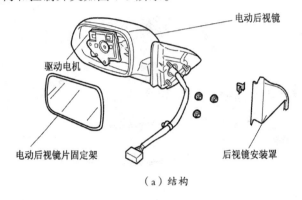

（a）结构

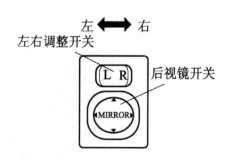

（b）控制开关

图 7-9　电动后视镜的结构和控制开关

3.电动座椅

电动座椅一般由双向电动机、传动装置和控制电路等组成，如图 7-10 所示。

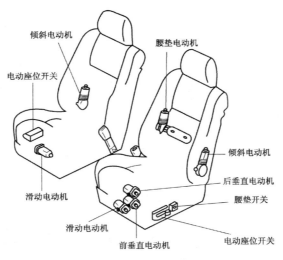

图 7-10　电动座椅

双向电动机的作用是产生动力,传动装置可以将动力传至座椅,通过控制开关实现座椅不同位置的调节。电动座椅的电动机一般为永磁式双向直流电动机,它通过控制开关来改变流经电动机内部的电流方向,从而实现转动方向的改变。

电动座椅传动装置主要包括变速器、连接轴、软轴及齿轮传动机构等。变速器的作用是降速增扭。电动机分别与不同的软轴相连,软轴再与变速器的输入轴相连,动力经过变速器降速增扭后,从变速器的输出轴输出,变速器的输出轴与蜗杆轴或齿轮轴相连,最终蜗轮蜗杆或齿轮齿条带动座椅支架产生位移。

三、中控门锁与防盗系统

1.中控门锁系统

为了使汽车的使用更加方便安全,现代轿车多数都安装了中央门锁控制系统,简称中控门锁。安装中控门锁后可实现以下功能:

① 将驾驶员车门锁扣按下时,其他几个车门及行李舱门都能自动锁定;若用钥匙锁门,也可同时锁好其他车门和行李舱门;

② 将驾驶员车门锁扣拉起时,其他几个车门及行李舱门扣都能同时打开;用钥匙开门,也可实现该动作;

③ 在车室内个别车门需打开时,可分别拉开各自的锁扣。

1）中控门锁的结构

中央控制门锁系统一般由门锁开关、门锁控制器和门锁执行机构组成，系统零部件位置如图 7-11 所示。

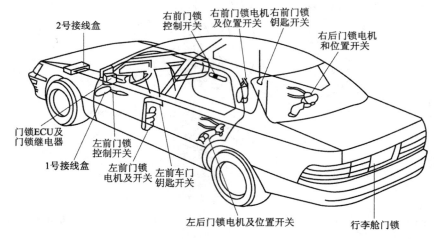

图 7-11　中央控制门锁系统的零部件位置

直流电动机式中控门锁的传动机构如图 7-12 所示，它主要由双向直流电动机、门锁开关、连杆执行机构组成，其基本原理是：利用控制直流电动机的正反向电流的方向，通过电动机正反向运转来完成门锁的开、关动作。

当用钥匙来开、锁门时，控制器被触发，门锁电动机运转，通过门锁操纵连杆操纵门锁动作，由于在锁或开门时给控制器的触发不同，故门锁电动机通过电流的方向相反，这样利用电动机的正转或反转，就可完成车门的锁定和开锁动作。

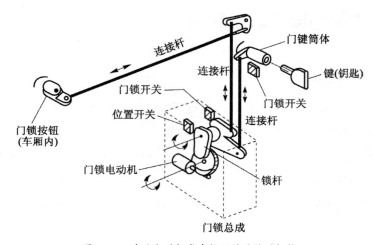

图 7-12　直流电动机式中控门锁的传动机构

2）中控门锁的电路

图 7-13 所示为直流电动机式中控门锁电路。它主要由两个门锁开关 S_1 与 S_2、门锁继电器 K、五个双向直流电动机、导线熔断器等组成。门锁继电器由开锁和锁定两个继电器组成，其线圈不通电时，动触点和搭铁触点接通；通电时动触点与搭铁断开，与另一触点接通。通过触点位置的改变，来改变电路及电动机中电流的方向，从而改变电动机的旋转方向，完成对车门的锁定和开锁动作。

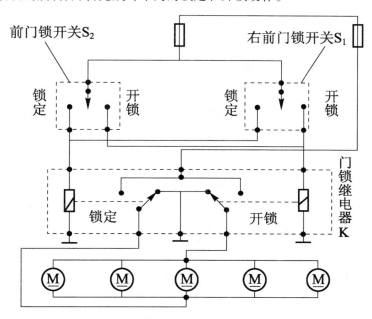

图 7-13　直流电动机式中控门锁电路

2.防盗系统

1）防盗系统的功能与分类

汽车防盗系统是一种安装在车上，用来增加盗车难度，延长盗车时间的装置，是为防止汽车本身或车上的物品被盗所设的系统。

汽车防盗系统可分为机械式防盗系统、电子式防盗系统和 GPS 卫星定位防盗系统三种：

（1）机械式防盗系统

机械式防盗系统的原理很简单，即将转向盘和控制踏板或挡柄锁住，常见的机械式防盗系统有转向盘锁、可拆卸式转向盘和排挡锁三种防盗形式。

机械式防盗系统具有价格低廉、结构简单、安装简便的优点，但其装置需要占用空间、不隐蔽，每次使用都要用钥匙开锁，而且不太安全。随着电子技术在汽车上的应用,电子式防盗系统应运而生。

（2）电子式防盗系统

电子防盗是给车锁加上电子识别,开锁和配钥匙都需要输入十几位密码的汽车防盗方式,它一般使用遥控技术,是随着电子技术的发展而迅速发展起来的一种防盗方式。电子式防盗系统有四大功能,即防盗报警功能、车门未关安全提示功能、寻车功能、遥控中央门锁功能。

（3）GPS卫星定位防盗系统

GPS卫星定位防盗系统的工作原理是利用接收的卫星发射信号与地面监控设备、GPS信号接收机,组成全球定位系统,卫星连续不断地发送动态目标的三维位置、速度和时间信息,保证车辆在的任何地点、任何时刻都能收到卫星发出的信号。

GPS主要靠锁定点火或起动实现防盗的目的,同时还可以通过GPS卫星定位系统,将报警车辆所在位置无声地传送到报警中心,因此,只要每辆移动车辆上安装的GPS车载机能正常工作,再配上相应的信号传输线路(如GSM移动通信网络和电子地图),建立一个专门接收和处理各个移动目标发出的报警信息和位置信号的监控室,就可以形成一个卫星定位的移动目标监控系统。GPS卫星定位汽车防盗系统有五大功能,即定位功能、通信功能、监控功能、停驶功能和调度功能。

2）防盗系统的结构

汽车电子防盗系统由开关和传感器、防盗ECU、执行机构三个部分组成,如图7-14所示。

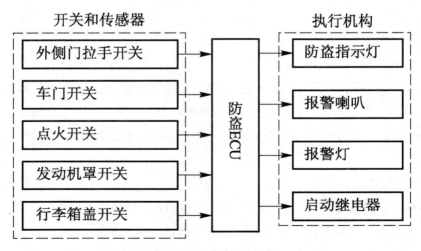

图7-14　防盗系统的组成

3）防盗系统的工作原理

防盗系统的工作原理为由中控门锁系统提供信号，防盗 ECU 识别信号并根据识别情况驱动执行装置工作。其控制电路通常包括电源、编码器、存储器、输入器、识别器、驱动装置、抗干扰电路、显示器和报警器、保险装置和执行机构等部分。

电源用来向该系统提供电能，是电子锁控制部分和执行机构必不可少的动力来源；编码器用来人为地设置一定的密码；存储器可以将编码存储起来；输入器用来将密码输入锁内；识别器是对来自输入器的编码与存储器记忆的编码进行比较，当两组编码不相同时，便会通过显示装置显示出来，或报警求救，或控制防止汽车移动装置执行指令，使汽车不得移动；驱动装置是在接到识别器输送来的信号时，接通执行机构的电路，使执行机构开启或锁止；抗干扰电路可以防止汽车内外电磁信号干扰所引起的防盗系统误动作；显示器和报警器是输出装置，用来在需要报警时进行报警；保险装置的作用是防止车速过高时车门自动打开，在控制电路发生故障时，门锁可以直接开启；执行机构可以分为电动机式或电磁线圈式两种，用来将电能转换为机械能，以使门锁开启或锁止。

🍃 任务实施

一、检查与更换刮水电动机和刮水片

1.任务目标

（1）学会检查与更换刮水电动机。

（2）学会检查与更换刮水片。

2.任务器材

万用表一块，鲤鱼钳一把，纱布若干，MoSO2 润滑脂若干，常用维修工具一套。

3.实施步骤

（1）检查刮水器

① 喷射洗涤液，起动刮水器，如图 7-15 所示。检查喷射停止后是否有擦拭痕迹。如果有擦拭痕迹，就需要对刮水器橡胶刮水片进行检查；

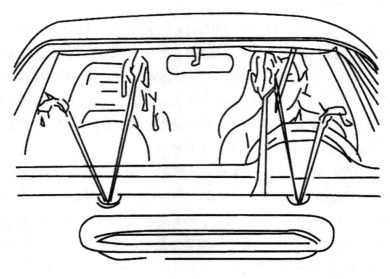

图 7-15　电动刮水器

②　检查刮水片端部，若刮水片端部发生弯曲无法复位，可能是由于接近了寿命极限，很快就会产生裂纹或端部断裂。最好在这种情况发生之前进行更换，如图 7-16 所示；

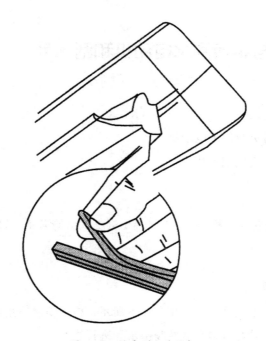

图 7-16　检查刮水片端部

③　如果刮水器臂正常，可拉起刮水器臂检查是否有足够的弹性，如图 7-17 所示。

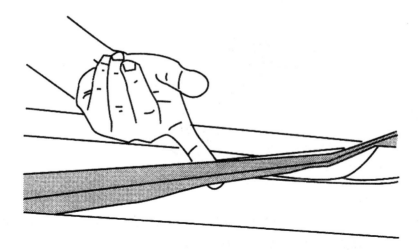

图 7-17 检查刮水器臂的弹性

（2）调整喷射角度

洗涤液的喷射方向可以通过将喷嘴的喷孔沿上下、左右方向移动进行调整，如果有两个喷射孔时，可将一侧调整喷射于刮水片动作范围（上下宽度）距下端 1/3 处，剩下的喷射孔对准 2/3 的位置。

调整喷射角度用掰开的曲别针最合适，注意要选择与喷射孔大小一致的尺寸，如图 7-19 所示。将曲别针插入喷射口进行调整，如图 7-20 所示。

图 7-19 准备曲别针

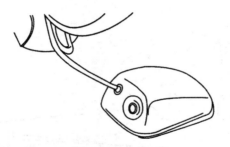

图 7-20　调整喷射角度

（3）拆卸刮水片

① 拉起刮水器臂，使其在弹簧的作用下与接头自动保持垂直。在树脂卡扣的安装根部可看到设有锁止解除杆，如图 7-21 所示；

② 如图 7-22 所示，用手压下位于刮水片主桥上的定位凸台；

③ 保持刮水片定位凸台压下，用手下推刮水片，将刮水片从刮杆上脱出，如图 7-23 所示。

图 7-21　拉起刮水器臂

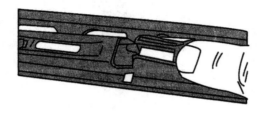

图 7-22　按下定位凸台

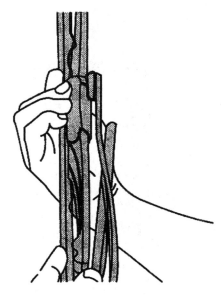

图 7-23 折下刮水片

（4）检查刮水片

检查刮水片的主桥、副桥是否存在扭曲变形现象，胶条是否存在老化、龟裂或折断现象，如图 7-24 所示。

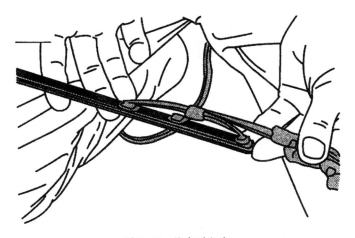

图 7-24 检查刮水片

（5）安装刮水片

① 如图 7-25 所示，将刮水片主桥上的连接块插入刮水器臂的弯钩内；

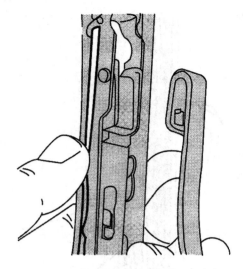

图 7-25　连接块插入刮水器臂的弯钩内

② 如图 7-26 所示,将刮水片向上推,使刮水片连接块上的凸台坐落于刮水器臂弯钩上方的方孔内;

③ 如图 7-27 所示,将刮水器臂水平伸直,使刮水片胶条贴合在风窗玻璃上。

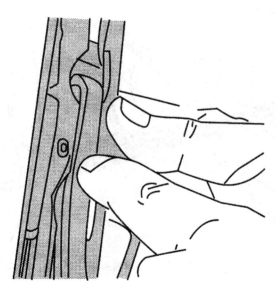

图 7-26　上推刮水片

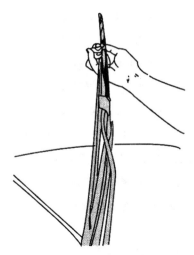

图 7-27　刮水器臂水平伸直

（6）测试刮水片安装后的性能

起动刮水器向风窗玻璃喷射水，刮水片来回摆动 3~4 次后停止于风窗玻璃的下边沿。查看风窗玻璃表面的清洁情况。如果玻璃表面洁净、明亮，且无水渍残痕，说明刮水片刮拭效果良好；否则，再次检查或更换刮水片，直到符合规定要求为止。

（7）打开发动机舱盖

在车内拉动发动机舱盖手柄，在车外打开并支撑发动机舱盖，如图 7-28 所示。

发动机舱盖支撑杆

图 7-28　打开并支撑发动机舱盖

（8）检查刮水电动机电路

① 如图 7-29 所示，拔下刮水电动机插头，将点火开关旋转至"ON"挡，拨动刮水开关；

② 将刮水开关拨至 2 挡,接通点火开关和刮水电动机低速挡位间的电路。使用万用表,测量刮水电动机电插头上的绿/黑导线电压,其值应为蓄电池电压;

③ 将刮水开关拨至 1 挡,接通点火开关和刮水电动机高速挡位间的电路。使用万用表,测量刮水电动机电插头上的绿/黄导线电压,其值应为蓄电池电压;

④ 将刮水开关拨至 4 挡,接通点火开关和刮水电动机间歇挡位间的电路。使用万用表,测量刮水电动机电插头上的绿/黑导线电压,其值应为蓄电池电压;

⑤ 将刮水开关拨至 3 挡,接通点火开关和刮水电动机复位开关间的电路。使用万用表,测量刮水电动机电插头上的黑/灰色导线电压,其值应为蓄电池电压;使用万用表,测量刮水电动机电插座上绿色和棕色导线间的电阻值,其值应为"∞"。

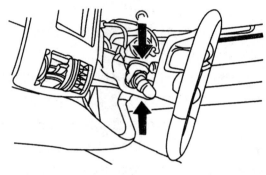

图 7-29　刮水开关

（9）拆卸蓄电池的负极电缆

如图 7-30 所示。拧松蓄电池负极电缆的固定螺栓,从接线柱上取下负极电缆,并使负极电缆可靠离开蓄电池接线柱。

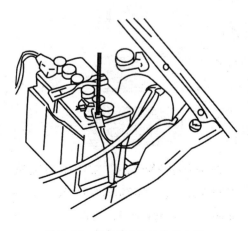

图 7-30　拆卸蓄电池的负极电缆

（10）拆卸刮水电动机

如图 7-31 所示，使用鲤鱼钳，取下防护板固定卡。拆掉电动机的紧固螺栓，取下电动机。

图 7-31　拆卸刮水电动机

（11）安装刮水电动机

稳固地安装好刮水电动机，并在连杆球碗中加注适量的润滑脂，将刮水电动机的插头安装到插座上，装好防护板。

（12）安装蓄电池负极电缆

用纱布清理负极电缆夹内孔和蓄电池负极柱，保持两者接触面清洁。将负极电缆夹套装到蓄电池负极柱上之后，拧紧蓄电池负极电缆夹的固定螺栓

（13）检验刮水电动机的性能

将点火开关旋转至"ON"挡。操作刮水开关手柄，检查各个挡位的功能是否正常。

4.注意事项

（1）拆装刮水电动机时，应先断开负极电缆；

（2）正确调整曲柄的安装位置，保持刮水片在零位时处于车窗玻璃上的标记处；

（3）在连杆和曲柄的连接球碗内涂抹适量 $MoSO_2$ 润滑脂。

二、检修桑塔纳 2000GSi 防盗系统

1.任务目标

（1）熟悉防盗系统的自诊断功能。

（2）学会钥匙的匹配。

2.任务器材

带防盗系统的桑塔纳 2000GSi 轿车一辆, 大众专用故障阅读仪 V.A.G1552 (或 V.A.G1551) 一台, 万用表一块, 其他常用辅助工具一套。

3.实施步骤

1) 检查自诊断检测条件

① 被检测车辆蓄电池的电压必须大于 11 V;

② 将大众专用故障阅读仪 V.A.G1552 的插头与车内变速器操纵杆前的诊断插口连接;

③ 点火开关打开。

2) 匹配汽车钥匙

桑塔纳 2000GSi 型轿车, 新配车钥匙和更换防盗器 ECU 时, 都必须用仪器进行一次钥匙匹配。此功能可将以前所有合法钥匙的代码清除, 编写新的合法代码。如果用户遗失一把合法的钥匙, 只要将其他钥匙重新完成一次匹配钥匙程序, 那么丢失的钥匙就变为非法钥匙, 不能起动发动机。匹配钥匙最多不能超过八把。

匹配汽车钥匙的程序如下:

① 必须知道密码。如果丢失, 可用仪器先查出 14 字符后, 向大众公司服务热线求助。

② 连接 V.A.G1552, 打开点火开关, 输入 "25" 防盗器地址码, 按 "Q" 键确认。按 "→" 键选择输入密码功能, 输入 "11", 按 "Q" 键确认, 屏幕显示如下:

Login procedure

Enter code number XXXXX

输入密码:

输入密码号: XXXXX

③ 将密码号在 4 位数字前加 "0", 如 08888 并输入, 按 "Q" 键确认, 若正确, 则可回到功能菜单去进行下一步 "匹配"。如果屏幕显示如下:

Function is unknown or

Cannot be carried out at moment

功能不清或

此刻不能执行

则表明密码号错误, 必须重新输入正确的密码。如果连续两次输错, 必须输入

"06"退出防盗器自诊断程序,在点火开关接通(打开)的情况下等待 30 min,再重新进行操作。

④ 匹配钥匙。输入"10"匹配功能并按"Q"键确认,屏幕显示如下:

Adaptation

Feed in channel number XX

匹配

输入频道号 XX

输入"21"频道号,按"Q"键确认,屏幕显示如下:

Channel 21 Adaptation　2

→ <-1　　-3>

频道 21 匹配 2

→ <-1　　-3>

汽车钥匙数量可根据需要输入 0~8,上面屏幕中的 2,表示已有 2 把合法的钥匙储存。此时键入"1"则表示要减少 1 把钥匙,键入"3"则表示增加 1 把钥匙,直到屏幕右上角的数字符号满足需要为止。注意:如果输入"0"就表示全部钥匙都变为非法,发动机将不能起动。

按"→"键,屏幕显示如下:

Channel 21 Adaptation　5

→ Enter adaptation value XXXXX

频道 21 匹配 5

→输入匹配钥匙数 XXXXX

如需匹配 5 把钥匙,则输入"00005",并按"Q"键确认。继续按"Q"键,直到屏幕显示如下:

Channel 21 Adaptation　5

→ Changed value is stored

频道 21 匹配 5

→改变的钥匙已储存

按"→"键,回到待机状态,输入"06"结束输出功能,按"Q"键确认;此时在汽车点火锁上的这把钥匙匹配完毕。

关闭点火开关,然后换另一把钥匙插入,打开点火开关至少 1 s 钟后,重复上述操作,把所有的钥匙都匹配完毕即可。

4.注意事项

（1）每次匹配钥匙的操作过程顺利完成后，防盗警告灯会点亮 2 s，然后熄灭 0.5 s，再亮 0.5 s 后熄灭，表示过程完成；

（2）匹配好的钥匙必须试用一下或进入"02"故障查询功能检查一下，以确认最终完成匹配；

（3）匹配钥匙的操作过程应在 30 秒内完成，并必须打开点火开关，否则无效；

（4）如果操作过程中发现错误，如将已匹配好的钥匙再次进行匹配，则防盗警告灯以快速闪亮（每秒 2 次）报警，读出过程自动中断；如果要匹配的钥匙中转发器是坏的，或钥匙没有转发器，匹配将不能完成。

項目八　**空调系统**

项目八

📚 项目导读

　　汽车空调系统由制冷装置、暖风装置、通风装置、空气净化装置和加湿装置中的一个或多个部件以及必要的控制部件构成,用于调节乘员舱内的温度、湿度和洁净度,并使气流以一定的速度在车室内定向流动和分配,从而给驾驶员和乘员提供舒适环境及新鲜空气。本项目通过更换空调滤芯和向空调系统加注制冷剂两个工作任务,使学生能够解决空调系统这两种常见的故障,熟悉汽车空调系统的维修方法。

📚 项目要求

　　了解空调系统的组成与工作原理。

　　了解空调系统主要零部件结构与作用。

　　了解采暖与通风系统的组成与工作原理。

📚 预备知识

一、空调制冷系统的组成与工作原理

1.空调制冷系统的组成

　　汽车空调制冷系统的结构如图 8-1 所示,它主要由制冷剂、压缩机、蒸发器、冷凝器、节流装置和辅助控制元件等组成。

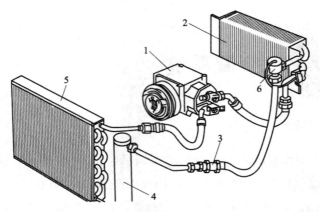

图 8-1 空调制冷系统的结构

1—压缩机；2—蒸发器；3—视液窗；4—储液干燥器；5—冷凝器；6—热力膨胀阀

2.空调制冷系统的工作原理

空调制冷系统是利用液态制冷剂汽化吸热产生冷效应，其制冷循环原理如图8-2 所示。

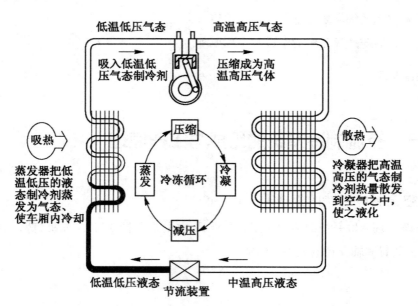

图 8-2 空调制冷系统的制冷循环原理

空调制冷系统的循环是由压缩、放热、节流和吸热四个过程组成。

（1）压缩过程

压缩机吸入蒸发器出口处的低温低压的制冷剂气体，把它压缩成高温高压的气体,然后送入冷凝器。此过程的主要作用是压缩增压,使气体易于液化。在压缩过程中,制冷剂状态不发生变化,而温度、压力不断升高,形成过热气体。

（2）放热过程

高温高压的过热制冷剂气体进入冷凝器（散热器）与大气进行热交换。由于压力及温度的降低,制冷剂气体冷凝成液体,并放出大量的热。此过程的作用是排热、冷凝。冷凝过程的特点是在压力、温度不变的情况下,制冷剂的状态发生变化,由气态逐渐向液态转变。冷凝后的制冷剂液体是中温高压液体。制冷剂液体过冷,过冷度越大,在蒸发过程中其蒸发吸热的能力就越大,制冷效果越好,即产冷量相应增加。

（3）节流过程

高温高压制冷剂液体经节流装置节流降温降压,以雾状（细小液滴）排出节流装置,该过程的作用是使制冷剂降温降压,由高温高压液体迅速地变成低温低压液体,以利于吸热、控制制冷能力以及维持制冷系统的正常运行。

（4）吸热过程

经节流装置降温降压后的雾状制冷剂液体进入蒸发器,因此时制冷剂的沸点远低于蒸发器内的温度,故制冷剂液体在蒸发器内蒸发、沸腾成气体。在蒸发过程中大量吸收周围的热量,降低车内温度。而后低温低压的制冷剂气体

流出蒸发器等待压缩机再次吸入。吸热过程的特点是制冷剂状态由液态变化到气态,此时压力不变,即在恒压过程中进行这一状态的转变。

上述过程周而复始地进行,便可使汽车内温度达到并维持在设定的状态。

二、空调制冷系统主要零部件的结构与作用

汽车空调压缩机和电磁离合器是汽车空调系统的重要组成部件,冷凝器大多布置在车头前部、侧面或车底,蒸发器通常置于车内。蒸发器经常出现泄漏故障,一旦发生泄漏,将严重影响汽车空调系统的正常工作。

1.电动车窗

空调压缩机是汽车空调制冷系统的主要部件之一,同时也是推动制冷剂在空调制冷系统中不断循环的动力源,起着输送制冷剂、保证空调制冷系统正常工作的作用。

汽车空调压缩机一般都是开式容积式结构,除部分由辅助发动机直接带动外,大多靠电磁离合器由发动机通过传动皮带带动。大、中型商用车空调压缩机一般都是传统的曲轴连杆式(又称立式)结构;中、小型汽车空调压缩机以摇摆斜盘式和回转斜盘式为主要形式结构。

曲轴连杆式压缩机的结构如图 8-3 所示,压缩机的机体由汽缸体和曲轴箱组成,汽缸体的汽缸中装有活塞,曲轴箱中装有曲轴,通过连杆将曲轴与活塞连接起来。在汽缸顶部装有进气阀和排气阀,通过进气腔和排气腔分别与进气管和排气管相连。当发动机带动曲轴旋转时,通过连杆的传动,活塞便在汽缸内做上下往复运动,在进、排气阀的配合下,完成对制冷剂气体的吸入、压缩和输送任务。

压缩机的工作,可分为压缩、排气、膨胀、进气等四个过程:

① 压缩过程:低压制冷气体从进入气缸后到压力升高至排气压力的过程;

② 排气过程:制冷气体从气缸向排气管输出的过程;

③ 膨胀过程:活塞从上止点向下移动直至进气阀门打开的过程;

④ 进气过程:制冷剂从进气气阀进入气缸,直到活塞下行至下止点的过程。

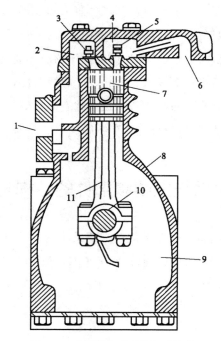

图 8-3 曲轴连杆式压缩机的结构

1—进气管;2—进气腔;3—进气阀;4—排气腔;5—排气阀;
6—排气管;7—活塞;8—气缸体;9—曲轴箱;10—曲轴;11—连杆

2.电磁离合器

电磁离合器是用来断开或者接通压缩机动力的装置。除大型独立式空调机组外，一般汽车空调压缩机都是通过其前端的皮带盘与发动机曲轴皮带轮进行连接的，压缩机的停、开是由电磁离合器的释放或吸合决定的。

电磁离合器主要由前板（衔铁、轴套等）、皮带盘组件（轴承、带轮等）与电磁线圈组成，如图 8-4 所示。

当电流通过电磁离合器的电磁线圈时，线圈产生较强的磁场，使压缩机电磁离合器的衔铁和自由转动的皮带轮吸合，从而驱动压缩机主轴旋转。

当把电流切断时，磁场消失，靠弹簧作用把衔铁和皮带轮分开，压缩机停止工作。

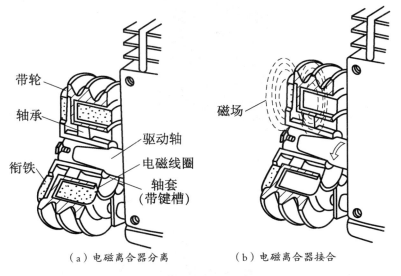

带轮　　轴承　　驱动轴　　电磁线圈　　轴套（带键槽）　　衔铁　　磁场

（a）电磁离合器分离　　　　　　（b）电磁离合器接合

图 8-4　电磁离合器的结构

3.冷凝器

冷凝器是换热管和换热片组合成一体的换热装置，它的功能是把来自压缩机的高温高压气态制冷剂通过管壁和翅片将其中的热量传递给冷凝器周围的空气，从而使高温高压的气态制冷剂冷凝成中温高压的液体。当空调制冷系统工作时，由冷却风扇形成的空气气流经过冷凝器，带走冷凝器管内制冷剂热量，从而使制冷剂由气态变为液态。

冷凝器的结构形式很多，而在汽车空调制冷系统中，经常采用的有管带式、管片式和平流式三种，如图 8-5 所示。

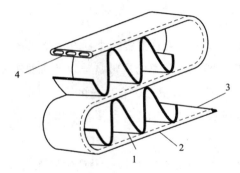

（a）管带式冷凝器

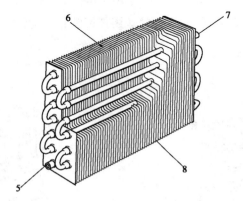

（b）管片式冷凝器

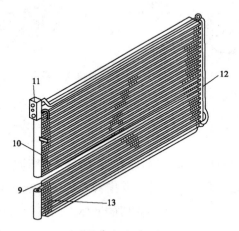

（c）平流式冷凝器

1—散热片；2—扁管；3—液态制冷剂；4—气态制冷剂；5—出口；6—圆管；
7—进口；8—管片；9—制冷剂扁管；10—圆柱形头；
11—制冷剂出口集液箱；12—波纹百叶翅片；13—内插管

图 8-5　冷凝器

4.蒸发器

在汽车上总是把蒸发器、风机、温度控制器及其他相关的零部件组装在一起,并称之为蒸发器总成。采用这种结构方式便于整体安装和拆卸,可避免零件的散失,维修方便。

汽车空调蒸发器置于车内,属于直接风冷式结构,它利用低温低压的液态制冷剂蒸发时需吸收大量热量的原理,把周围空气中的热量带走,变成冷空气送入车厢,从而达到车内降温的目的,它经常采用的结构有管片式、管带式和层叠式三种。层叠式蒸发器的结构如图8-6所示。

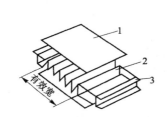

（a）层叠式蒸发器的单层结构　　（b）层叠式蒸发器的完整结构

1—平板；2—波形散热片；3—封条

图8-6　层叠式蒸发器的结构

从膨胀阀或节流管孔流出、直接进入蒸发器的制冷剂,由于体积突然膨胀而变成低温低压雾状物(微粒液体),这种状态的制冷剂很容易汽化,汽化时将吸收周围大量的热量空调风机强制使进入车内的空气从蒸发器表面流过,通过管片将热量传给蒸发器内的制冷剂,通过吸收热量使液态的制冷剂汽化,如图8-7所示。

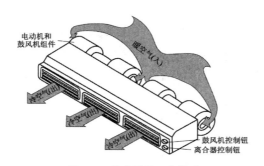

图8-7　蒸发器的工作原理

5.节流装置

膨胀阀与节流管是常见的节流装置。

1）膨胀阀

膨胀阀也称节流阀,是组成汽车制冷装置的主要部件,安装在蒸发器入口处。膨胀阀的功用是节流降压、调节流量和控制流量。

（1）节流降压

膨胀阀把从冷凝器出来的高温高压液态制冷剂节流降压成为容易蒸发的低温低压雾状物进入蒸发器，即分离了制冷剂的高压侧与低压侧，但制冷剂的液体状态没有改变。

（2）调节流量

由于制冷负荷的改变以及压缩机转速的改变，要求流量作相应调整，以保持车内温度稳定，制冷剂正常工作。膨胀阀就起了把进入蒸发器的流量自动调节到制冷循环所要求的合适程度的作用。

（3）控制流量

膨胀阀可以防止"液击"和异常过热现象发生。所谓"液击"，就是这种过饱和气体在压缩机中因压缩升温，在通过热蒸气的过程中，其中所含的液滴迅速蒸发膨胀，使气缸中的压力骤增，活塞阻力突然加大，导致活塞受到重击而损坏。膨胀阀以感温包作为感温元件来控制流量的大小，保证蒸发器尾部有一定的过热度，从而保证蒸发器总容积的有效利用，避免液态制冷剂进入压缩机而造成"液击"现象，同时又能将过热度控制在一定范围内，从而防止异常过热现象的发生。

膨胀阀的种类繁多。根据平衡方式的不同，膨胀阀可分为内平衡式与外平衡式两种；根据静止过热度调整（调弹簧预紧力）方式的不同，膨胀阀可分为内调式与外调式两种，如图8-8所示。根据连接口的不同，膨胀阀可分为O形圈式与喇叭口式两种，而各种膨胀阀的基本结构相同，都是由感温受压部分和阀体部分构成。

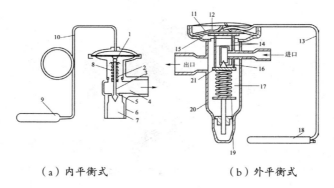

（a）内平衡式　　　　　　　（b）外平衡式

1—膜片；2—内平衡口；3—阀针；4—蒸发器出口；5—阀座；6—阀体；
7—通储液罐的进口；8—弹簧；9—遥控温包；10—毛细管；11—膜片；
12—温包压力 13—毛细管；14—推杆；15—蒸发器出口压力；
16—阀座；17—过热弹簧 18—遥控温包；19—弹簧压力板；20—阀体；21—阀针

图8-8　膨胀阀的结构

2）节流管

如图 8-9 所示，节流管是一根细小的铜管，安放在一根塑料套管内，在塑料套管上套有一根或两根 O 形密封圈，铜管的外面是滤网。由于 O 形圈的隔离作用，来自冷凝器的制冷剂只能从细小的铜管中通过，进入蒸发器。节流管上的滤网能阻挡杂质进入铜管。

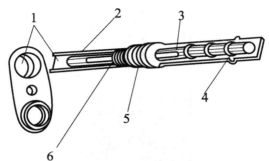

1—通向蒸发器；2—出口滤网；3—毛细管；4—进口滤网；5—O 形密封圈；6—安装标记

图 8-9 节流管的结构

采用节流管的空调制冷系统（CCOT 方式）与常规空调制冷系统不同，常规空调制冷系统中集液器放在冷凝器后面，而采用节流管的空调制冷系统中集液器则放在其中一个蒸发器后面，这个集液器的功用与常规的储液干燥罐也不同，称为集液器或气液分离器。因为节流管没有运动部件，结构简单，成本低，可靠性高，节省能耗，美国很多高级乘用车都采用这种结构。近年来日本部分高级乘用车以及我国生产的奥迪 100 和别克也采用了这种结构。

6.储液干燥器

在空调制冷系统中不可避免地存在着水分，而水分的存在会引发很多不良后果，如出现腐蚀、冰堵、脏堵、镀铜等现象。储液干燥器的功用是临时储存从冷凝器流出的液态制冷剂，防止上述不良后果的出现。

如图 8-10 所示，储液干燥器主要由储液器、干燥器、视镜和安全装置等部分构成。

从冷凝器过来的液态制冷剂，从储液干燥器的进口处进入，经过滤器和干燥剂除去水分和杂质后从出口进入膨胀阀。在储液干燥器上方的观察窗，可以用来观察制冷剂的流动情形，从而判断系统中制冷剂量是否正常。

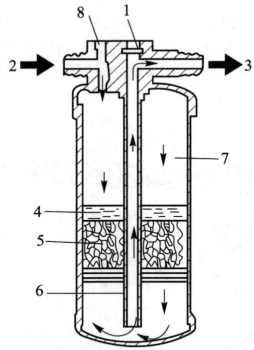

1—视镜；2—进口；3—出口；4—过滤器；
5—干燥剂；6—吸出管；7—干燥器；8—易熔塞

图8-10 储液干燥器的结构

三、空调的采暖系统与通风系统

1.空调采暖系统

1）空调采暖系统的功能与工作原理

向车内供暖是汽车的重要功能之一，而汽车空调的目的不是单纯的制冷和供暖，而是在不断变化的车外大气环境下，保持车内的温度和湿度稳定在一定范围内，并保证送入车内的空气清新，所以必须有通风配气系统对已经进行制冷和加热的空气重新进行调和温度、输送和分配。汽车空调采暖系统的功能是将冷空气送入热交换器，吸收某种热源的热量，提高空气的温度，并将热空气送入车内。目前，绝大部分汽车上都采用水暖式取暖设备（少数风冷式汽车的发动机除外），水暖式采暖系统利用的是发动机冷却液的热量，因此本部分主要讲述水暖式采暖系统。

水暖式采暖系统实际上是发动机冷却系统的一部分,可分为热水循环回路和配气装置两大部分。热水循环回路与发动机的冷却系统相连通,借助于发动机的水泵实现热水循环。来自发动机冷却系统的热水从进水管流经加热器控制阀进入散热器,然后经由出水管回到发动机的冷却系统,实现回路的循环,如图 8-11 所示。

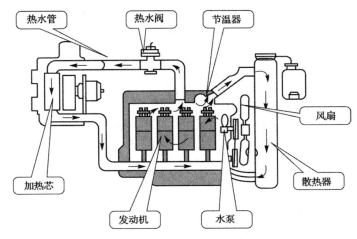

图 8-11　热水循环回路示意图

在配气装置中,由风机(电动鼓风机)强制使空气循环运动。空气经由进风口被吸入,流经加热器时被加热,然后由出风口导出,进入车厢内实现取暖或为风窗除霜,如图 8-12 所示。

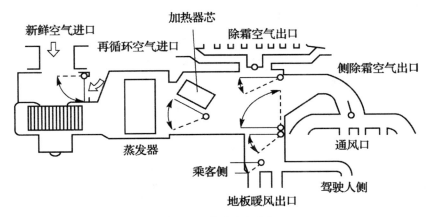

图 8-12　水暖通风系统

2)空调采暖系统的组成

汽车空调采暖系统主要由加热器总成、电动鼓风机总成、热水阀、冷却液循环管路、暖风风道、风门控制电动机等组成,如图 8-13 所示。

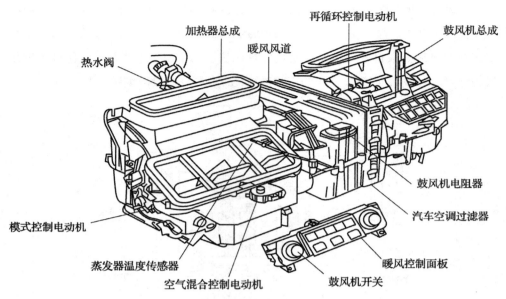

图 8-13　空调采暖系统的组成

（1）加热器芯

　　加热器芯由管子和散热片等构成。新式的加热器芯的管道上有凹坑，可改善热量输出性能。加热器芯的形状与散热器相似，如图 8-14 所示。当加热器打开时，加热后的发动机冷却液部分流经加热器芯，来为车厢内乘员提供所需要的热空气。

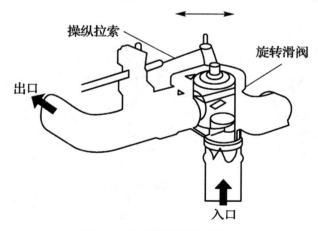

图 8-14　加热器芯的结构和原理

（2）电动鼓风机总成

　　电动鼓风机总成由电动机和风扇组成，如图 8-15 所示。

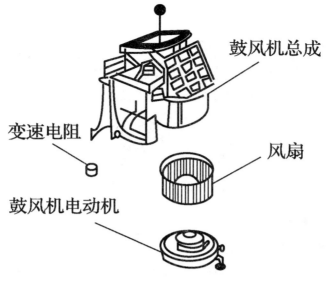

图 8-15　鼓风机总成

　　根据空气流动方向的不同,风扇可分为轴流式和离心式两种,轴流式风扇可将空气从与转轴平行的方向吸入,并将空气从与转轴平行的方向排出,如图 8-16(a)所示;离心式风扇可将空气从与转轴平行的方向吸入,并将空气从与转轴垂直的方向排出,如图 8-16(b)所示。

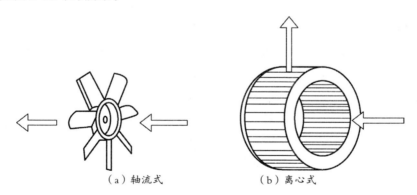

（a）轴流式　　　　　　（b）离心式

图 8-16　鼓风机的类型

（3）热水阀

　　热水阀也称加热控制阀,它安装在发动机冷却液通道中,主要用于控制进入加热芯发动机冷却液的流量,可以通过空调控制面板上的温度调节杆进行操控,如图 8-17 所示。

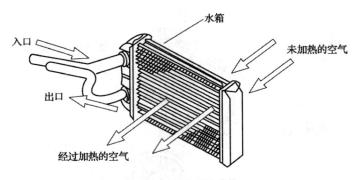

图 8-17　热水阀的结构

2.空调通风系统

1）通风装置与空气净化装置

在相对密闭的汽车厢内，只有温度的调节不能满足舒适度的要求，它不但需要新鲜空气的补充，还要对狭小车厢内部空间的气流进行调配，汽车空调通风系统就是完成上述任务的重要组成部分。

（1）通风装置

汽车厢内的空气需要符合一定的卫生标准，才能满足健康和舒适度的要求，这就需要输入一定量的新鲜空气。新鲜空气的配送除了要考虑乘员蒸发的汗液、因呼吸呼出的二氧化碳、抽烟、从车外进入的灰尘、花粉等污染物外，还必须考虑保持车内正压和局部排气量所需的风量。将新鲜空气送入车内取代污染空气的过程，称为通风。

汽车空调的通风方式一般有动压通风、强制通风和综合通风三种。动压通风的过程如图 8-18 所示。

图 8-18　动压通风时风的循环示意图

（2）空调净化装置

进入车内的空气由车外新鲜空气和车内再循环空气组成。车外空气受到粉尘、烟尘以及汽车尾气中 CO、SO_2 等有害气体的污染；车内空气受到乘客呼出的 CO_2、人体汗味以及漏入车内的废气污染，这些因素降低了车内的洁净度，而空气净化器能够清除车内空气中的异味微粒,并能清除车外流入空气中的花粉和灰尘,使空气得到净化。因此,汽车需要装备空气净化器,如图 8-19 所示。

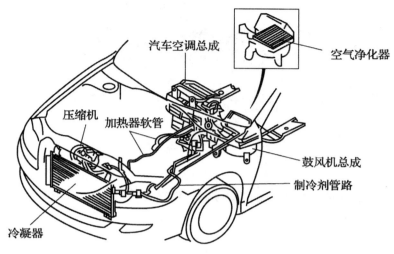

图 8-19 空气净化器

汽车空调系统采用的空气净化装置通常有空气过滤式和静电集尘式两种,前者是在汽车空调系统的送风和回风口处设置空气滤清装置,它仅能滤除空气中的灰尘和杂物,结构简单,只需定期清理过滤网上的灰尘和杂物即可,故广泛应用于各种空调系统中;后者则是在空气进口的过滤器后再设置一套静电集尘装置或单独安装一套用于净化车内空气的静电集尘装置,它除能过滤和吸附烟尘等微小颗粒、杂质外,还具有除臭、杀菌、产生负氧离子以使车内空气更为新鲜洁净的作用,由于其结构复杂,成本较高,故只用于高级轿车和旅行车上。静电集尘式空气净化装置的工作过程如图 8-20 所示。

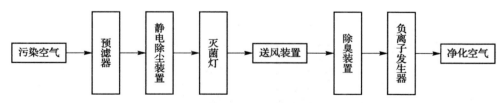

图 8-20 静电集尘式空气净化装置的工作过程

2)空调通风系统的原理

空气通风系统的工作过程大体可以分为三个阶段:第一阶段为空气进入段;第二阶段为空气混合段;第三阶段为空气分配段,如图 8-21 所示。

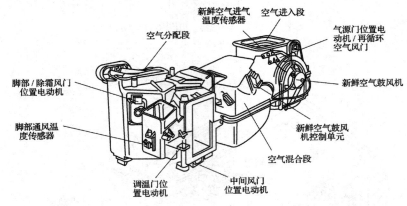

图 8-21　空调通风系统的结构

　　空气进入段主要由气源门和气源控制元件组成, 用来控制新鲜空气和车内再循环空气的进入, 如图 8-22 所示。

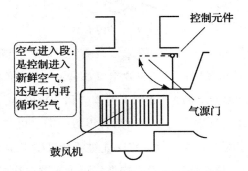

图 8-22　通风系统的原理（空气进入段）

　　空气混合段主要由蒸发器、加热芯、调温门及控制元件组成, 用来调节所需空气的温度, 如图 8-23 所示。

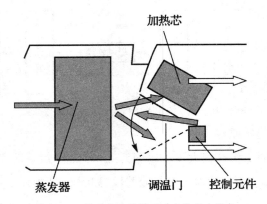

图 8-23　通风系统的原理（空气混合段）

空气分配段主要用于控制空调吹出风的位置和方向,主要由各种风门、风道及控制元件组成,可以分别使空气吹向面部、脚部和风窗玻璃上,如图8-24所示。

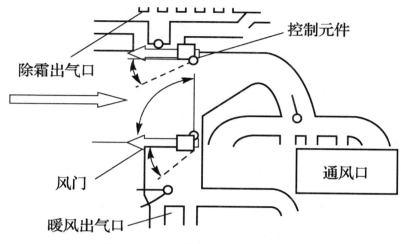

图 8-24 通风系统的原理（空气分配段）

任务实施

一、更换空调滤芯

1.任务目标

（1）学会使用压缩空气清洁空调滤芯。

（2）学会更换空调滤芯。

2.任务器材

空调压缩机一台,吹气枪一把,鲤鱼钳一把,棉纱若干,常用维修工具一套。

3.实施步骤

① 确定空调滤芯的位置。空调滤芯一般安装在进气管道中,如图8-25所示;

② 将点火开关置于"ON"位置,并切换至再循环空气模式,然后关闭点火开关;

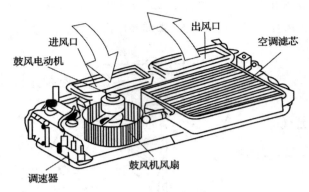

图 8-25　空调滤芯的安装位置

③ 双手向内压下储物盒两侧,用力卸下储物盒,如图 8-26 所示;

图 8-26　卸下储物盒

④ 双手轻压两侧的卡子把空调滤芯格拖出来,注意不要用力过猛,以免损坏相关部件,如图 8-27 所示;

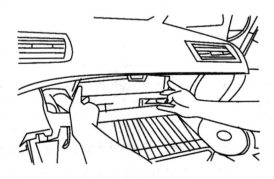

图 8-27　取出空调滤芯格

⑤ 取出空调滤芯,如图 8-28 所示;

⑥ 检查空调滤芯是否破损,若有损坏应更换新件;

图 8-28 取出空调滤芯

⑦ 使用棉纱和空气压缩气清理空调滤芯上的灰尘,如图 8-29 所示;

⑧ 将清理后或更换的空调滤芯安装回原位。滤清器上的"↑ UP"标志应朝上方向,如图 8-30 所示。

（9）将储物盒安装回原位,整理工位。

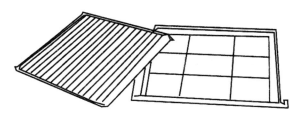

图 8-29 清理空调滤芯

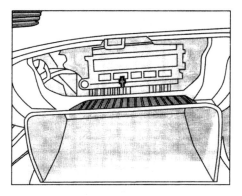

图 8-30 安装空调滤芯

4.注意事项

（1）在拆卸和安装空调滤芯的过程中一定要注意轻拿轻放;

（2）在安装空调滤芯过程中，应注意不要损坏其他相关部件，例如发动机舱盖的密封胶条，副驾驶席前风窗下的储物盒等。

（3）一般来说，空调滤芯的更换周期为 1 万千米～2 万千米，如果经常随滤芯进行清理会在一定程度上延长空调滤芯的使用寿命，但汽车行驶 2 万千米以上时，应及时更换空调滤芯，因为此时空调滤芯内的活性炭过滤功能已经减退，过滤效果开始下降。

二、向空调系统加注制冷剂

1.任务目标

（1）学会将制冷系统抽真空。

（2）学会向空调系统加注制冷剂。

2.任务器材

制冷剂加注机一台，检漏仪一台，R134a 制冷剂若干，常用维修工具一套。

3.实施步骤

（1）将制冷系统抽真空

① 歧管压力表和真空泵的连接如图 8-31 所示。将歧管压力计上的两根高、低压力软管分别与压缩机上的高、低压阀接口相连；将歧管压力计上中间软管与真空泵相连；

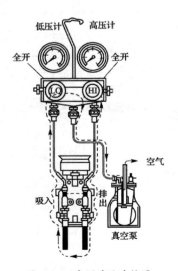

图 8-31　空调系统连接图

② 开动真空泵,打开歧管压力表的高、低压手动阀。几分钟后,在歧管压力表上产生大于 750 mmHg(1 mmHg = 133.322 Pa)高度的真空度,再持续 10 min 后停止抽真空;

③ 关闭高、低压手动阀,其表针应在 10 min 内不得回升,这一过程称为真空试漏。若在抽真空时系统达不到所需的真空度,或达到了所需的真空度但在 10 min 内表针有回升,说明制冷系统有泄露处;

④ 检漏。即使系统内的真空度在 10 min 内没有回升,也必须检漏。检漏时,从低压端注入少量气态制冷剂。用电子检漏仪或肥皂液等方法检查漏点,并将泄露之处修理好,如图 8-32 所示;

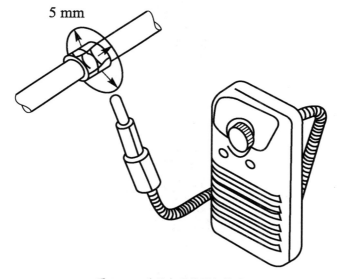

图 8-32 使用电子检漏仪检漏

⑤ 再次开动真空泵,打开歧管压力表的高、低压手动阀,继续抽真空 15 min,然后关闭高、低压手动阀,为后面进行向系统充注制冷剂做好准备。

(2)向制冷系统加注制冷剂

① 制冷剂有两种加注方法:液态加注法和气态加注法。液态加注制冷剂时,要保持空调压缩机不工作,制冷剂从高压管路注入,低压表侧管路关闭,制冷剂罐倒置,如图 8-33 所示;气态加注制冷剂时,要保持空调压缩机处于工作状态,制冷剂从低压管路注入,高压表侧管路关闭,制冷剂罐正置,如图 8-34 所示。本任务以气态加注法为例来说明制冷剂的加注方法;

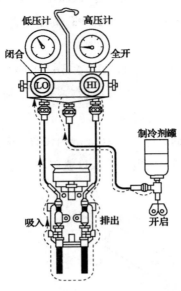

图 8-33　液态加注法

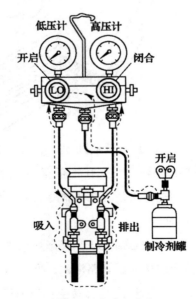

图 8-34　气态加注法

　　② 取下真空泵进气口端的软管，将软管接头旋紧在注入阀的管接头上，如图 8-35 所示；

　　③ 将注入阀的发盘拧紧在制冷剂罐上，如图 8-36 所示；

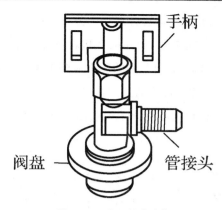

图 8-35　注入阀的结构

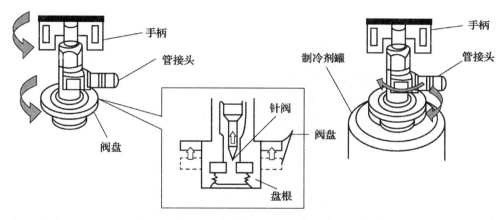

图 8-36　连接注入阀和制冷剂罐

④ 在对制冷系统检漏、再次抽真空后,关闭歧管压力表的高、低压手动阀,断开真空泵,将中间软管与制冷剂瓶连接好(参见图 8-34);

⑤ 打开制冷剂罐,拧松中间注入软管歧管压力表侧的螺母,听到制冷剂排放的声音后,立即拧紧螺母;

⑥ 打开歧管压力表的低压手动阀,制冷剂罐正立,使制冷剂以气态的形式进入制冷系统的低压侧。当低压侧的压力不再增加时,关闭歧管压力表的低压侧手动阀和制冷剂罐;

⑦ 起动发动机,打开空调开关,将风机开关打到高速挡;

⑧ 再次打开歧管压力表的低压手动阀,让制冷剂继续进入制冷系统。达到规定后,关闭歧管压力表的低压手动阀和制冷剂罐。

在向制冷系统中加注制冷剂时,加入制冷剂过多或不足,都将会使制冷效果变差,因此,如何确定制冷剂的加注量符合定是十分重要的。一般情况下有两种确定方法:一是将发动机转速控制在 2 000 r/min,风机转速开到高速挡,此时制冷系统低压侧的压力应为 147 ~ 192 kPa,不同车型的压力应略有不同;另一种是在干燥管有观察窗的制冷系统中,可在上述条件下通过干燥管的

观察窗观看制冷剂,直到气泡消失才说明制冷剂的加注量符合规定,如图 8-37 所示。

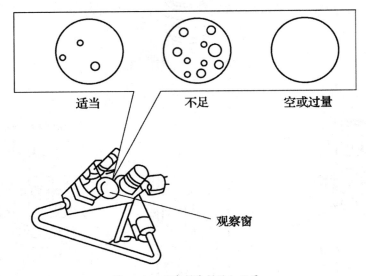

图 8-37　观察制冷剂的加注量

⑨ 加注完毕后,应按照下述方法拆除歧管压力表。关闭歧管压力表的高、低压手动阀;关闭制冷剂罐上的注入阀;关闭发动机;断开歧管压力表与制冷系统的连接软管,用布块盖在检修阀上,动作要快,防止制冷剂喷射到手上。

(3)检查空调管路泄露

使用检漏仪,检测空调系统制冷管路是否存在泄漏现象(参见 8-31)。

4.注意事项

(1)空调制冷循环系统中加注 R134a 制冷剂要适量;

(2)在打开制冷系统时,必须戴手套及防护眼镜,以免制冷剂冻伤皮肤。一旦皮肤上溅到制冷剂,要立即用大量冷水清洗,千万不可用手搓;

(3)制冷剂的排放要远离工作场所,并保持工作场所通风良好,以免造成窒息危险。制冷剂不要靠近火焰,以免产生对人体有害的物质;

(4)制冷系统打开后,一定要及时加盖或包扎密封,防止空气的潮气或杂质进入;

（5）更换制冷部件后，要先为系统补充冷冻机油（注意不同品牌的冷冻机油不能混用），然后加注制冷剂；

（6）拧紧或拧松螺纹接头时，必须同时使用两把扳手；

（7）空调低压管路和高压管路中真空度应不低于 750 mmHg（1 mmHg = 133.322 Pa），并保持 5 min 不下降；

（8）空调运行时，低压管路压力 0.15 ~ 0.25 MPa 为正常；高压管路压力 1.37 ~ 1.57 MPa 为正常；

（9）制冷剂加注后，应进行泄露检查。

项目九　汽车电气设备线路

📚 项目导读

　　汽车电气设备线路是将电源系统、起动系统、点火系统、照明系统、信息显示系统等，按照它们各自的工作特性以及相关的内在的联系，通过开关、导线、保险器连接起来，所构成的一个整体，简称电气线路。本项目通过对整车电路图进行识读的工作任务，使学生熟悉汽车电气设备线路的维修。

📚 项目要求

　　了解汽车线束与插接器的概念。

　　掌握汽车电路开关、保护装置的作用与种类。

　　了解汽车电路图的种类，熟悉汽车常用图形符号及标号。

　　学会识读汽车电路图的一般方法。

　　学会电气系统故障诊断的一般流程和方法。

📚 预备知识

一、汽车电气系统的基本元器件

1.导线、线束与插接器

1)导线

　　导线是电气线路的基础元件，有低压和高压两种类型。低压导线中又包括普通导线、起动电缆和搭铁电缆；高压导线则包括铜芯线和阻尼线。

　　导线选线时要考虑的因素有：导线的绝缘性能、通过电流的大小以及机械强度。随着应用条件不同，这三个因素各有侧重。例如，在高压电路中，根据耐上千至上万伏高压的绝缘要求，选用线芯截面积小，但绝缘包层很厚的导线；在低压电路中，根据工作电流大小和机械强度选择导线。

（1）低压导线

普通低压导线为带绝缘包层的铜质多丝软线，它的截面积根据所用电气设备的电流值确定。为保证导线有足够的机械强度，规定截面积不能小于 0.5 mm²。各种低压导线标称截面积所允许的载流量见表 9-1。

表 9-1　低压导线的允许载流量

铜芯导线截面积（mm²）	1.0	1.5	2.5	3.0	4.0	6.0	10	13
导线允许载流量（A）	11	14	20	22	25	35	50	60

起动电缆为带绝缘包层且截面积较大的铜质或铝质多丝软线电缆。它是用来连接蓄电池与起动机电磁开关的主接线柱，其截面积的大小不以工作电流大小来选定，而受工作时电压的限制。为了保证起动机正常工作并产生足够的驱动力矩，要求起动线路上每 100 A 电流所产生的电压降不得超过 0.1 ~ 0.15 V，因此，起动电缆要求的截面积特别大，通常有 25、35、50、70 等规格。

搭铁电缆一般采用铜丝编织成的扁铜软导线，它也是一种专用电缆，连接在蓄电池负极与车身金属或发动机机体之间，因此也称为蓄电池搭铁线。国产汽车常用的搭铁线长度有 300 mm、450 mm、600 mm、760 mm 四种。

导线标称截面积是根据规定换算方法得到的截面积值，它既不是线芯的几何面积，同时也不是各股铜线几何面积之和。12 V 汽车主要线路中导线的标称截面积推荐值见表 9-2。

表 9-2　12 V 汽车导线推荐规格

标称截面积（mm²）	适 用 的 电 路
0.5	尾灯、顶灯、仪表灯、指示灯、牌照灯、燃油表等
0.8	转向灯、制动灯、停车灯、点火线圈初级绕组等
1.0	前照灯、电喇叭等（3 A 以下）
1.5	前照灯、电喇叭等（3 A 以上）
1.5 ~ 4.0	其他 5 A 以上电路
4.0 ~ 6.0	柴油车电热塞电路
6.0 ~ 25	电源电路
16 ~ 95	起动电路

随着汽车上使用电器的增多，导线数量也增多，为便于安装和检修，汽车上通常采用双色线。主色为基础色，辅色为环布导线的条色带或螺旋色带，且标注时主色在前，辅色在后。各种汽车电器的搭铁线应选用黑色导线。导线的各种颜色均用字母表示，其代号规定见表9-3；导线的截面积标注在颜色代码前面，单位为mm²时不标注，如1.25R表示导线截面积为1.25 mm²的红色导线；1.0G/Y表示导线截面积为1.0 mm²的双色导线，主色为绿色，辅助色为黄色。

表9-3　导线颜色代号

颜色	黑	白	红	绿	黄	棕	蓝	灰	紫	橙
代号	B	W	R	G	Y	Br	BL	Gr	V	O

低压导线选择主色的规定见表9-4。

表9-3　导线颜色代号

系统名称	主色代号	系统名称	主色代号
电器装置搭铁线	B	仪表及报警指示和喇叭系统	Br
点火、起动系统	W	前照灯、雾灯等外部照明系统	BL
电源系统	R	各辅助电动机及电气操纵系统	Gr
灯光信号系统	G	收音机、点烟器等辅助装置	V
防雾灯及内部照明系统	Y		

（2）高压导线

高压导线是用来传送高压电的专用导线，它的耐压一般在15 kV以上，电流强度较小，因此高压导线的绝缘包层很厚，但线芯截面积很小。

国产汽车用高压点火线有铜芯线和阻尼线两种，型号规格见表9-5。

表 9-5　高压导线的型号规格

型号	名称	线芯结构		标称外径（mm）
		根数	单线直径（mm）	
QGV	铜芯聚氯乙烯绝缘高压导线	7	0.39	7.0 ± 0.3
QGXV	铜芯橡胶绝缘聚氯乙烯护套高压导线			
QGX	铜芯橡胶绝缘氯丁橡胶护套高压导线			
QG	全塑料高压阻尼导线	1	2.3	

为衰减火花产生的电磁干扰，目前广泛使用高压阻尼导线。高压阻尼导线的制造方法和结构也有多种，常用的有金属电阻丝式和塑料芯导线式两种。

2）线束

为使整车线路规整，方便安装及保护导线的绝缘，汽车上的整车线路除高压线、蓄电池电缆和起动机电缆外，一般将同一区域不同规格的导线用棉纱或薄聚氯乙烯带缠绕包扎成束，称为线束。

同一种车型的线束在制造厂里按车型设计制造好后，用卡簧或绊钉固定在车上的既定位置，其抽头恰好在各电气设备接线柱附近的位置，安装时按线号装在其对应的接线柱上。不同车型的线束各不相同，同一车型的线束按发动机、底盘和车身分成多个线束。

3）插接器

插接器是线路与各电气设备之间、线路与线路之间的连接部件，也叫连接器。为了便于接线和查线，汽车线束中各导线均焊有接线片，即电线焊片，这种接线片一般与接线柱配合使用，不太方便，因此引用了插接器。

现代汽车采用线间插接器，使线束设计的自由度增加，线束的数量也可较多，给安装、检修和更换带来了方便。汽车常用插接器及电线焊片的接头种类如图 9-1 所示。

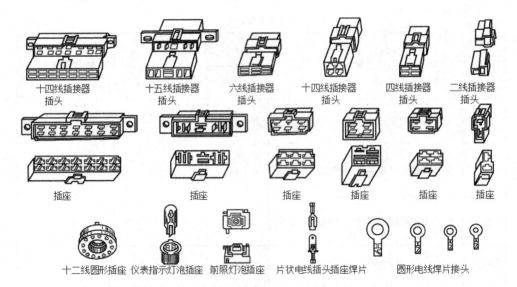

十四线插接器插头　十五线插接器插头　六线插接器插头　十四线插接器插头　四线插接器插头　二线插接器插头

插座　插座　插座　插座　插座　插座

十二线圆形插座　仪表指示灯泡插座　前照灯泡插座　片状电线插头插座焊片　圆形电线焊片接头

图 9-1　汽车常用插接器及电线焊片接头的种类

　　插接器由插头和插座两部分组成,汽车上不同位置所用插接器的端子数目、几何尺寸和形状各不相同。为保证连接可靠,插接器上设有锁止装置。大多数插接器具有良好的密封性,以防止油污、水及灰尘等进入而使端子锈蚀。在汽车电路图上插接器有特定的图形符号,例如,图 9-2 所示为日本汽车插接器的图形符号。

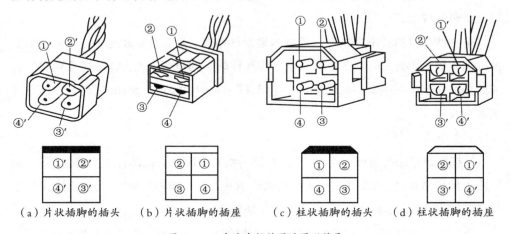

（a）片状插脚的插头　（b）片状插脚的插座　（c）柱状插脚的插头　（d）柱状插脚的插座

图 9-2　日本汽车插接器的图形符号

2.开关、继电器及保护装置

1）开关

　　点火开关是汽车电路中最重要的开关,是各条电路分支的控制枢纽,常见点火开关的结构及表示方法如图 9-3 所示。

点火开关的主要功能是锁住转向盘转轴（LOCK），接通点火仪表指示灯（ON 或 IG），接通发动机的起动挡（ST 或 START）和附件挡（ACC，主要是收放机专用），柴油车还会增加（HEAT）挡来控制加热线路。

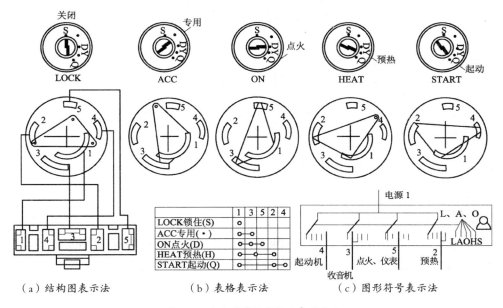

（a）结构图表示法　　　（b）表格表示法　　　（c）图形符号表示法

图 9-3　点火开关的结构及表示方法

注意

起动挡和预热挡因为工作电流很大，开关不易接通过久，在操作时必须用手克服弹簧力，扳住钥匙，否则一松手就弹回点火挡，不能自行定位，而其他挡位均可自行定位。

（2）多功能组合开关

多功能组合开关将照明开关（灯光开关、变光开关）、信号（转向、危险警告、超车）开关、刮水器或清洗器开关等组合为一体，安装在便于驾驶员操纵的转向柱上。

2）继电器

继电器是利用电磁原理或其他方法（如热电或电子）实现自动接通或切断一对或多对触点，来完成用小电流控制大电流以减小控制开关触点的电流负荷，属于大电流保护装置，如进气预热继电器、空调继电器、喇叭继电器、雾灯继电器、中间继电器、风窗刮水器或清洗器继电器、危险报警与转向闪光继电器等。

继电器通常按线圈类型的不同分为常开继电器，常闭继电器和常开、常闭混合型继电器，其外形与内部原理如图 9-4 所示。

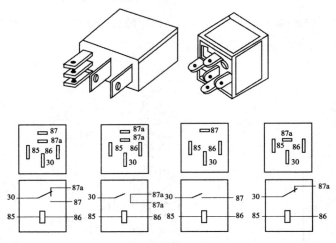

图 9-4　常见继电器的外形与内部原理

3.保险装置

汽车电路中都设有保护装置,即保险装置。当线路因负荷超载、短路故障而电流过大时,保护装置将自动断开电源电路,以防止线路或用电设备烧坏。

1)熔断器

熔断器的保护元件是熔丝,串联在其所保护的电路中。当通过熔丝的电流超过规定值时,熔丝发热熔断断开电路,从而保护了线路用电设备不被烧坏。

熔断器的熔丝固定在可插式塑料片上或封装在玻璃管中。通常将熔断器集中安装在一个盒中,并称之为熔断器盒或电源盒,如图 9-5 所示。各熔断器都编号排列,有的还在熔断器上涂以不同的颜色,以便于检修时识别。

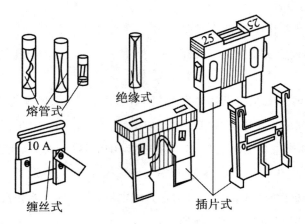

图 9-5　常见熔断器的外形

2）易熔线

易熔线比熔丝粗一些，通常连接在电源线路和通过电流较大的线路上，因此，易熔线常用于保护总电路或大电流电路，一般位于蓄电池和起动机或电气中心之间或附近，易熔线的外形如图 9-6 所示。

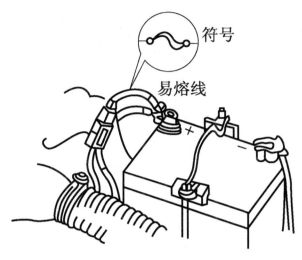

图 9-6 易熔线的外形

3）断路器

断路器是当电流负荷超过用电设备额定容量时将电路断开的一种可重复使用的电路保护装置，常用于正常工作时容易过载的电路中。断路器的工作原理是利用双金属片受热变形使触点分离，切断电路来保护电气设备和线路。断路器按作用后恢复形式的不同分为自恢复式和按压复位式两种，分别如图 9-7、图 9-8 所示。

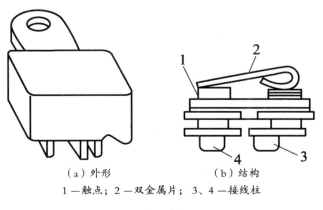

（a）外形　　　　　（b）结构
1—触点；2—双金属片；3、4—接线柱

图 9-7 自恢复式断路器

电路保护装置的常用符号如图9-9所示。

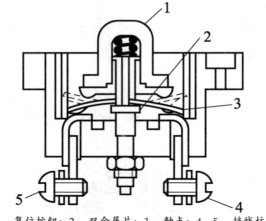

1—复位按钮；2—双金属片；3—触点；4、5—接线柱

图9-8　按压复位式断路器

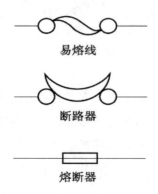

易熔线

断路器

熔断器

图9-9　电路保护装置的常用符号

4.中央接线盒（板）

中央接线盒由中央接线板、各种继电器、熔断器和塑料外壳组成，一般整车电气系统通常采用中央线路板方式，即大部分继电器和熔断器都安装在中央线路板正面。主线束从中央线路板反面接插后通往各用电器。中央线路板上标有线束和导线接插位置的代号及接点的数字号。图9-10所示为桑塔纳2000GSi的继电器在中央接线盒正面的布置，图9-11所示为桑塔纳2000GSi的继电器在中央接线盒反面的布置。

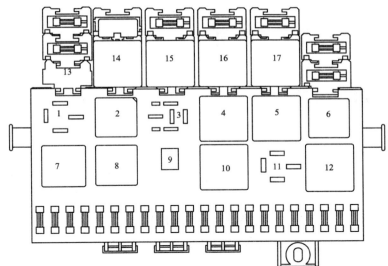

1—空位；2—燃油泵继电器；3—空位；4—冷却液液位继电器；5—空调继电器；6—喇叭继电器；
7—雾灯继电器；8—X-接触继电器；9—拆卸保险丝专用工具；10—前风窗玻璃刮水及清洗继电器；
11—空位；12—转向与报警灯闪光继电器；13—诊断线接口；14—摇窗机自动下降继电器；
15—摇窗机延时继电器；16—内部灯延时继电器；17—压缩机切断继电器

图 9-10　桑塔纳 2000GSi 的继电器在中央接线盒正面的布置

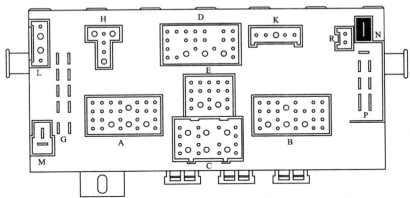

A—用于连接仪表板线束，插件颜色为蓝色；B—用于连接仪表板线束，插件颜色为红色；
C—用于连接发动机室左边线束，插件颜色为黄色；D—用于连接发动机室右边线束，插件颜色白色；
E—用于连接车辆后部线束，插件颜色为黑色；
G—用于连接单个插头（主要用于冷却液不足指示控制器）；
H—用于连接空调装置线路，插件颜色为棕色；K—空位；L—用于连接双音喇叭线路，插件颜色为灰色；
M—空位；N—单个插头（主要用于进气管预热器的加热电阻的电源）；
P—单个插头（主要用于蓄电池火线与中央线路板"30"的连接，中央线路板"30"与点火开关"30"
接线柱连接）；R—空位

图 9-11　桑塔纳 2000GSi 的继电器在中央接线盒反面的布置

二、汽车电路图的识读

1.汽车电路的种类

目前汽车电路图有线路图、原理图、线束图三种表达方式：

1）线路图

线路图就是汽车导线在车上、线束中的分布图，如课本第 188 页图 9-12 所示。线路图按照汽车电器在车身上的实际位置将其相对应的外形简图绘出，再用线将电源、开关、熔断器等装置和这些电器符号一一连接起来。

线路图的优点是：全车的电器（即电气设备）数量明显且准确，导线的走向清楚，有始有终，便于循线跟踪，查找起来比较方便。它按线束编制将导线分配到各条线束中去，与各个插件的位置严格对应。在各开关附近用表格法表示了开关的接线与挡位控制关系以及熔断器与导线的连接关系，标明了导线的颜色与截面积。

线路图的缺点是：图上导线纵横交错，若印制版面小则不易分辨，若版面过大印装受限制；读图、画图费时费力，不易抓住电路重点、难点；不易表达电路的内部结构与工作原理。

2）原理图

原理图是用各国家、公司规定的图形符号，根据原理把仪表及各电气设备，按由上到下的原则合理地连接起来，然后再按各系统进行横向排列。电路原理图是包含所有电气元件在内的、表明其工作原理的参考图。原理图与线路图有所不同，它是将线路图高度简化后得到的，故图面清晰，电路简单明了、通俗易懂，更好地反映了各个电路系统的组成及电路原理。

（1）整车电路原理图

为了生产与教学的需要，常常需要尽快找到某条电路的始末，以便确定故障分析的路线。在分析故障原因时，不能孤立地仅局限于某一部分，而要将这一部分电路在整车电路中的位置及与相关电路的联系都表达出来。整车电路原理图的优点如下：

① 对整车电路有完整的概念，它既是一幅完整的整车电路图，同时又是一幅互相联系的局部电路图；重点难点突出、繁简适当。

② 在此图上建立起电位高、低的概念：其负极"—"接地（俗称搭铁），电位最低，可用图中的最下面一条线表示；正极"＋"电位最高，用最上面的那条线表示。电流

的方向基本都是由上而下，路径是：电源正极"＋"→开关→用电器→搭铁→电源负极"－"。

③ 能极大可能减少导线的曲折与交叉，布局合理，图面简洁、清晰，图形符号考虑到元器件的外形与内部结构，便于读者联想、分析，易读、易画。

④ 各局部电路（或称子系统）相互并联且关系清楚，发电机与蓄电池间、各个子系统之间的连接点尽量保持原位，熔断器、开关及仪表等的接法基本上与原图吻合。

（2）局部电路原理图

为了弄清汽车电器的内部结构和各个部件之间相互连接的关系，弄懂某个局部电路的工作原理，常从整车电路图中抽出某个需要研究的局部电路，参照其他详实的资料，必要时根据实地测绘、检查和试验记录，将重点部位进行放大、绘制并加以说明。这种电路图的优点是使用电器少、幅面小，看起来简单明了，易读易绘；缺点是只能了解电路的局部。

3）线束图

线束图主要表明电线束在各用电器的连接部位、接线柱的标记、线头、插接器（连接器）的形状及位置等，这种图一般不去详细描述线束内部的导线走向，只将露在线束外面的线头与插接器详细编号或用字母标记，它是一种突出装配记号的电路表现形式，非常便于安装、配线、检测与维修。整车电路线束图常用于汽车厂总装线和修理厂的连接、检修与配线。

3.汽车电路图形符号

为了读懂汽车电路图，首先要识别电路图中的各种图形符号及其含义。汽车电气设备电路图常用的图形符号有电路图形符号和仪表、开关、指示灯标志图形符号。常用的限定符号见表9-6。

表9-6　限定符号

序号	名称	图形符号	序号	名称	图形符号
1	直流	—	6	中性点	N
2	交流	~	7	磁场	F
3	交直流	~	8	搭铁	
4	正极	＋	9	交流发电机输出接线柱	B
5	负极	－	10	磁场二极管输出端	D＋

3.汽车电路图的识读方法

（1）认真读几遍图注

图注说明了该车所有电气设备的名称及其数码代号。通过读图注可以初步了解该汽车装配的电气设备,然后通过电气设备的数码代号在电路图中找出该电气设备,再进一步找出各电器之间的相互连线和控制关系。

（2）牢记电气图形符号

汽车电路图是利用电气图形符号来表示汽车构成和工作原理的,因此,只有牢记电路图形符号的含义,才能看懂电路原理图。

（3）熟记电路标记符号

为了便于绘制和识读汽车电路图,有些电器装置或其接线柱被赋予了不同的标志代号。只有熟记电路标记符号,才能看懂电路图。

（4）牢记汽车电路接线的特点

要牢记汽车电路接线的特点(直流、低压、单线制、负极搭铁、用电设备并联等),以便快速准确的识读电路图。

（5）牢记回路原则

任何一个完整的电路都是由电源、熔断器、开关、控制装置、用电设备、导线等组成的。电流流向必须从电源正极出发,经过熔断器、开关、控制装置、导线等到达用电设备,再经过导线(或搭铁)回到电源负极,才能构成回路,因此读电路图时,有以下三种思路:

思路一:沿着电路电流的流向,由电源正极出发,顺藤摸瓜查找用电设备、开关、控制装置等,最后回到电源负极。

思路二:逆着电路电流的方向,由电源负极(搭铁)开始,经过用电设备、开关、控制装置等回到电源正极。

思路三:从用电设备开始,依次查找其控制开关、连线、控制单元,到达电源正极和电源负极(或搭铁)。

实际应用时,可视具体电路选择不同思路,但要注意,随着电子控制技术在汽车上的广泛应用,大多数电气设备电路同时具有主回路和控制回路,读图时要兼顾两回路。

（6）浏览全图,分割各个单元系统

要读懂汽车电路图,首先必须掌握组成电路的各个电气元件的基本功能和电器特性。在大概掌握全图基本原理的基础上,再把一个个单元系统电路分割开来,这样就容易抓住每一部分的主要功能及特性了。

在框划各个系统时，一定要遵守回路原则，注意既不能漏掉各个系统中的组件，也不能多框划其他系统的组件。框画各个系统的一般规律是：各电器系统只有电源和总开关是公共的，其他任何一个系统都应是一个完整的独立的电器回路，即包括电源、开关（保险）、电器（或电子线路）、导线等，从电源的正极经导线、开关、保险丝至电器后搭铁，最后回到电源负极。

（7）熟记各局部电路之间的内在联系

从整车电路来讲，各局部电路除电源电路公用外，其他单元电路都是相对独立的，但它们之间也存在着内在联系（如信号共享），因此，读图时不但要熟悉各局部电路的组成、特点、工作过程和电流流经的路径，还要了解各局部电路之间的内在联系。这是迅速找出故障部位、排除故障的必要条件。

（8）掌握各种开关在电路中的作用

对多层多挡接线柱的开关，要按层、按挡位、按接线柱逐级分析其各层各挡的功能。有的用电设备受两个以上单挡开关（或继电器）的控制，有的受两个以上多挡开关的控制，其工作状态比较复杂。当开关接线柱较多时，首先分析从电源来的一两个接线柱，再逐个分析与其他各接线柱相连的用电设备处于何种挡位，从而找出控制关系。

对于组合开关，实际线路是在一起的，而在电路图中又按其功能画在各自的局部电路中，遇到这种情况时必须仔细研究识读。

从整车电路来讲，各局部电路除电源电路公用外，其他单元电路都是相对独立的，但它们之间也存在着内在联系（如信号共享），因此，读图时不但要熟悉各局部电路的组成、特点、工作过程和电流流经的路径，还要了解各局部电路之间的内在联系。这是迅速找出故障部位、排除故障的必要条件。

（9）全面分析开关、继电器的初始状态和工作状态

在电路图中，各种开关、继电器都是按初始状态画出的。即电路中按钮未按下、开关未接通，继电器线圈未通电，其触点未闭合（指常开触点）时的状态，称为初始状态。在识读电路图时，不能完全按初始状态分析，否则很难理解电路的工作原理，因为大多数用电设备都是通过开关、按钮、继电器触点的变化而改变回路，进实现不同的电路功能的，所以必须进行工作状态分析。

（10）掌握电器装置在电路图中的位置

大量电器装置是机电合一的，在电路图上表示时，厂家为了使画法既简单（便于

画图）又便于识读,多根据实际情况采用集中或分开表示法。

集中表示法是把一个电器装置的各组成部分在图上集中绘制的一种表示方法。此法仅适用于较简单的电路。

分开表示法是把一个电器装置中的某些元件,如继电器的线圈、触点分别画在不同的电路中,用同一文字符号或数字符号将分开部分联系起来的一种表示方法。

（11）先易后难

有些汽车电路图的某些局部电路可能比较复杂,一时难以看懂,可以暂时将其放一放,待其他局部电路都看懂后,结合看懂的图中与该电路有联系的相关信息,进一步识读这部分电路。

（12）注意搜集资料和积累经验

对于看不懂的电路要善于请教有关人员,同时还要善于查找收集相关资料;要注意深入研究典型汽车电路,做到触类旁通;要特别注意实际工作经验的积累,新技术、新工艺的应用和创新。

三、汽车电气故障的检修要点

1.汽车电路常见故障

（1）断路

一般造成汽车电路断路的原因有:导线折断;导线连接端松脱;接触不良。

（2）短路

一般造成汽车电路短路的原因有:导线绝缘破坏并相互接触;开关、接线盒、灯座等外接线螺钉松脱,导致线头相碰;接线不慎,使两线相碰;导线头碰到金属部分。

（3）搭铁

一般造成汽车电路搭铁的原因是:相线直接与金属机体相碰。

2.汽车电路检修的一般流程

汽车电路检修的一般流程如图 9-16 所示。

实际工作中不必过分拘泥于流程步骤,可以视实际情况或凭经验略过一些步骤,直接找到故障点进行检修,从而有效提高工作效率。

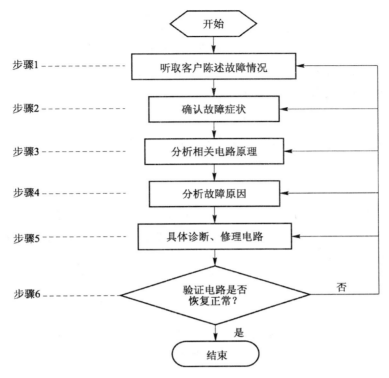

图 9-16 汽车电路检修的一般流程

3.汽车线路故障诊断与检修的常用方法

（1）直观法

当汽车电气系统的某个部分发生故障时,会出现冒烟、火花、异响、焦臭、高温等异常现象。通过人体的感觉器官"听""摸""闻""看",可以对汽车电器进行直观检查,进而判断出故障所在部位,从而大大地提高了检修速度。

（2）检查保险法

当汽车电气线路出现故障时,首先应查看保险是否完好。例如,汽车在行驶中,若某个电器突然停止工作,同时该支路上的熔断器熔断,说明该支路有搭铁故障存在;若某个系统的熔断器反复烧断,则表明该系统一定有类似搭铁故障的存在,不应只更换熔断器了事。

（3）刮火法

刮火法又称试火法,通常用于判断线束或导线有无开路。刮火法须拆下用电设备的某一线头对汽车的金属部分(打铁)碰试,根据有无火花来判断是否开路。注意:刮火不宜用来检查汽车电子电路,以免损坏电子元件器材。

（4）试灯法

用一个汽车灯泡作为临时试灯，检查线束是否开路或短路，电器或电路有无故障等，这种方法称为试灯法。此方法特别适用于检查不允许直接短路的带有电子元器件的电器。注意：试灯的功率不要太大，在测试电子控制器的控制（输出）端子是否有输出及是否有足够的输出时尤其要慎重，防止使控制器超载损坏。

（5）短路法

短路法又称短接法，是用一根导线将某段导线或某一电器短接后观察电器变化的一种方法。

（6）替换法

替换法常用于故障原因比较复杂的情况，能对可能引发故障的原因逐一进行排除。其具体做法如下：用一个是完好的零部件替换被怀疑有故障的零部件，若替换后故障消除，说明怀疑成立；否则，装回原件，进行新的替换，直至找到真正的故障部位为止。

（7）模拟法

模拟法用于对各种传感器信号、指示机构工况的判断，它是在进行发生条件模拟验证后诊断故障的一种方法，它包括汽车振动模拟、热敏感性（温度）模拟、浸水模拟、电负载模拟、冷起动或热起动模拟等。

4.汽车线路故障诊断与检修的注意事项

维修汽车电气系统的首要原则是不要随意更换电线或电器，否则可能因短路、过载而引起火灾。维修时还应注意以下各项：

① 拆卸蓄电池时，总是最先拆下负极电缆；安装蓄电池时，总是最后连接负极电缆。拆卸或安装蓄电池电缆时，应确保点火开关或其他开关都已断开，否则会导致半导体元器件的损坏。在拆卸和安装蓄电池的过程中，切勿颠倒蓄电池接线柱极性；

② 允许使用欧姆表及万用表的 R×100 以下低阻欧姆挡检测小功率晶体三极管，以免电流过载损坏它们。更换三极管时，应首先接入基极；拆卸三极管时，则应最后拆卸基极。对于金属氧化物半导体管（MOS），则应当心静电击穿，焊接时，应从电源上拔下烙铁插头；

③ 拆卸和安装元件时，应切断电源。如无特殊说明，元件引脚距焊点应在 10 mm 以上，以免烙铁烫坏元件，且宜使用恒温或功率小于 75 W 的电烙铁；

④ 更换烧坏的保险时，应使用相同规格的保险。使用比规定容量大的保险可能会导致电器损坏或产生火灾；

⑤ 靠近震动部件（如发动机）的线束部分应用卡子固定，将松弛部分拉紧，以免因震动造成线束与其他部件接触；

⑥ 不要粗暴地对待电器。器件无论好坏，都应轻拿轻放，以免使其承受过大冲击；

⑦ 与尖锐边缘磨碰的线束部分应用胶带缠起来，以免损坏。安装固定零件时，应确保线束不被夹住或破坏，同时应确保接插头接插牢固；

⑧ 进行保养时，若温度超过 80℃（如进行焊接时），应先拆下对温度敏感的零件（如 ECU）。

🖲 任务实施

整车电路图识读

1.任务目标

（1）读懂汽车总电路图。

（2）学会分析系统工作原理和线路电流走向。

（3）将电路图与实物相对照进行分析，培养识读、分析汽车电路图的能力。

2.任务器材

桑塔纳车一辆，常用维修工具一套，万用表、试灯、导线若干，汽车电路总图一张。

3.实施步骤

整车电路图是一种电路原理图，主要表明汽车电气设备的工作原理。分析汽车设备电路图，是指在全面分析某车型总电路图的基础上，以某一系统电路为研究主体，分析该系统的工作原理和电流流向，结合原车实际的线路连接进行验证，最后与实物相对应，对整个系统了如指掌，并能对故障的发生部位进行大致的判断。

1）全面分析总电路图

桑塔纳轿车上一般会配有总电路图，由于总电路图太大，本实训以桑塔纳轿车部分电路为例进行分析。各电器部分的线路纵向排列，清晰明了，从左至右分别是电源区、起动区、预热区、仪表区等。电气图上端为中央接线板部分，其上端有继电器、熔断器、内部线路、接口、插座及各种线束。

在电路图中,汽车线路用颜色和编号加以区分,并以点火开关为中心将整车电路分为5条主干线:蓄电池相线(B线或30号线)、点火仪表指示线(IG线或15号线)、专用线(ACC线或15 A线)、起动控制线(ST线或50号线)和搭铁线(E线或31号线)。

读图时,一是要注意各图形的编号,根据编号在本页下方查出图形表示什么元件;二是要注意读懂电路图下面的坐标,以确定该图形元件所处的位置,在读线路指向某一数字坐标时很有用;三是要注意各线路在中央接线板、继电器及其他电气元件上的接口编号,通过接口编号能读懂其线路走向。

2)分析点火系统的工作原理和线路电流走向

桑塔纳汽车采用的是霍尔效应式无触点晶体管电子点火系统,它由蓄电池、点火开关、点火线圈、霍尔无触点式分电器、电子点火器、高低压导线及火花塞等组成,其工作原理是通过点火线圈初级绕组电流的通断,在次级绕组中感应出高压电,通过高压线路及正时分配使各缸火花塞跳火。初级电流的通断受点火器的控制,而点火器依靠点火传感器的信号来控制。

当点火开关D置于1挡时,点火系统初级电路通电,其电流回路为:蓄电池"+"→点火开关D的15接点→点火线圈N的初级绕组→点火控制器N11→搭铁。

当发动机凸轮轴驱动霍尔传感器G10的转子转动时,传感器发出脉冲信号,控制点火放大器N11周期性的接通与切断点火线圈N中的初级电流,在次级绕组中感应出高压电,按照点火次序使相应气缸上的火花塞跳火。

3)实物对照

根据总电路图和点火系统线路电流走向与实物进行对照,将理论的分析结果与实物的每个部件(如每根线束、每个控制元件)进行对照,同时可画出点火系统线路拆画图,以简化分析。

4)故障判断

根据分析的结果,与实物对照无误后,对点火系统可能发生的故障进行现场检测。

4.注意事项

(1)在分析系统电路时,要全面细致;
(2)分析电流走向时,要注意电流的方向;
(3)拆画的系统电路图要符合电路图规范。

参考文献

[1] 王怀玲，秦浩副.汽车电器构造与维修 [M].徐州：中国矿业大学出版社，2014.

[2] 刘灵芝，李鹏.汽车电器构造与维修 [M].上海：同济大学出版社，2009.

[3] 张茂国.汽车电器构造与维修 [M].北京：人民交通出版　社，2002.

[4] 许楠.汽车电器构造与维修 [M].北京：机械工业出版社，2011.

[5] 谭本忠.汽车电器构造与维修 [M].济南：山东科学技术出版社，2010.

[6] 喻媛媛，胡春红.汽车电器设备构造与维修 [M].长春：吉林大学出版社，2015.

[7] 李伟.汽车电器设备构造与维修 [M].成都：四川大学出版社，2015.

[8] 许崇霞.汽车电器设备构造与维修 [M].济南：山东大学出版社，2011.

[9] 郝伟，李百华.汽车电器设备构造与维修 [M].武汉：中国地质大学出版社，2010.

[10] 王怀玲，张君.汽车电器设备构造与维修 [M].西安：西北工业大学出版社，2010.

[11] 梁朝彦.汽车构造与维修 电器部分 [M].北京：北京航空航天大学出版社，2008.

[12] 肖隽.汽车电器构造与维修 [M].北京：航空工业出版社，2019.

[13] 宋文玺.汽车电器构造与维修 [M].西安：西安交通大学出版社，2018.

[14] 徐利强.汽车电器构造与维修 [M].北京：机械工业出版社，2018.

[15] 王敏智，等.微型汽车构造与维修 底盘及电器辑 [M].北京：人民交通出版社，1997.

[16] 杨建昆.汽车电器构造与维修 [M].昆明：云南美术出版社，2017.

[17] 高枫，张海松.汽车电器构造与维修 [M].哈尔滨：哈尔滨工业大学出版社，2015.

[18] 杨华，赵春.汽车电器构造与维修 [M].北京：北京交通大学出版社，2014.

[19] 戴建营，肖冬玲.汽车电器构造与维修 [M].北京：化学工业出版社，2014.